Matthias Rickling

WIR vom Jahrgang 1966

Kindheit und Jugend

Wartberg Verlag

Impressum

Bildnachweis:
Privatarchiv Matthias Rickling (Osnabrück): 4, 5, 7, 8, 10, 12, 13, 16–18, 21–23, 25 l., 28, 29, 31–33, 35-37, 41, 44, 45, 47, 53, 56, 57, 58 r., 59 u., 60–62; Privatsammlung Katja Tornau (Osnabrück): 19; Privatarchiv Andreas Geers (Fürstenau): 6, 11, 25 r., 30, 38, 50, 63; Privatarchiv Rienäcker: S. 26, 42, 55; Privatarchiv Claudia Brandau: S. 39; ullstein – Wallocha: S. 9 l., ullstein – Adolph: S. 9 r., ullstein – pwe Verlag GmbH: S. 46, ullstein – ADN Bildarchiv: S. 49, ullstein – Promnitz: S. 51 r., ullstein – KPA: S. 52, ullstein – Quade: S. 59 o.

3. Auflage 2006

Gestaltung und Satz: Ravenstein und Partner, Verden; Voßwinkel, Berlin
Druck: Hoehl-Druck Medien + Service GmbH, Bad Hersfeld
Buchbinderische Verarbeitung: Buchbinderei Büge, Celle

34281 Gudensberg-Gleichen • Im Wiesental 1
Telefon: 0 56 03/9 30 50 • www.wartberg-verlag.de
ISBN 3-8313-1566-3

VOR-WORT

Liebe 66er!

Wisst Ihr noch ...?

Irgendwann, überall und häufig zu fortgeschrittener Partystunde, wird diese Frage gestellt – unweigerlich. Meist laufen gerade die ultimativen Fetenhits, während jemand seine jugendlichen Entgleisungen von damals preisgibt. Du warst doch bestimmt auch 'n Popper, oder? Und dann geht es los: Wie hieß das süße Zeug noch, „Tri-Trop" oder so? Sag bloß Ihr musstet nicht zur Tanzschule? Nee, ich stand nicht auf „Dolomiti", ich mochte lieber „Brauner Bär"! Aber „Silberpfeil" war doch viel spannender als „Superman"! Für Demos hatte ich keine Zeit, ich war immer mit dem Mokick unterwegs ... Mensch, waren wir drauf ...

Angesichts unserer aktuellen Geburtstagstorte, die im Laufe der Jahre zu einem wahren Kerzenmeer geworden ist, erinnern wir uns doch gerne an jene Zeit, als man es kaum noch abwarten konnte, endlich 18 zu werden.

Vieles ist seit unserer Kindheit und Jugend anders geworden. Verschiedenes, was wir als absolut neu erlebten, ist inzwischen alltäglich, anderes taucht auf irgendeiner Retro-Welle wieder auf: Pril-Blumen genauso wie Yps-Hefte. Und dann die Mode. Hatten wir nicht gehofft, so manchen trendigen Fehlgriff endgültig überstanden zu haben?

Unsere Kindheit roch nach Penatencreme, überchlorten Freibädern und dem muffigen Küchenlappen, mit dem unsere Mütter unsere Gesichter vorzeigbar rubbelten. Die Erinnerung schmeckt nach Lebertran und Spinat, nach Schokozwieback und Rotbäckchen. Wir eroberten in unkaputtbaren Lederhosen die Umgebung, wir hassten die karierten Stoffhosen, deren Schlag ständig in der Fahrradkette hing und wir liebten unsere Zu-eng-gibt's-nicht-Blue-Jeans.

Unserer frühe Jugend verlebten wir bei Wind und Wetter draußen. Mit dem Fahrrad auf Erkundungstour oder beim „Bude"-Bauen. War das Wetter doch zu schlecht, wurde „Daktari" nachgespielt oder mit den Nachbarskindern der neuesten Hörspielplatte gelauscht. Das Fernsehen wurde schließlich zu dem Medium unserer Generation, angefangen von der Fußball-WM 1974, über „Wickie" bis zu „Dallas". Doch auch die Fahndungsplakate nach Terroristen, Attentate und Nachrichten von immer neuen Kriegen begleiteten unsere Jugendzeit. Es waren bewegte Jahre. Wir wollten alles erleben, vieles verändern und besser machen.

Ob es gelungen ist?

„Nur wer erwachsen wird und ein Kind bleibt, ist ein Mensch.", schrieb einst Erich Kästner. In diesem Sinne wünsche ich allen 66ern eine schöne Erinnerung.

Matthias Rickling

Mit Frottee und Penaten in die Welt

1966–1968

Das 1. bis 3. Lebensjahr

1966 war der Hit

Nicht nur weil wir damals geboren wurden, das versteht sich doch von selbst. Das Jahr 1966 war ein echtes Evergreen-Jahr, wie sich herausstellen sollte. Als unsere Mütter sich mit der Herstellung von Babybrei und dem Waschen von muffigen Stoffwindeln abplagten, entstanden gleichzeitig einige „Juwelen" der deutschen Schlagerkunst. Sich vorzustellen, dass wir nach dem täglichen Vollbad den Po geölt und gepudert bekamen, während gleichzeitig Drafi Deutscher Marmor, Stein und Eisen zerbrechen ließ ... Auch Roy Blacks Nr.-Eins-Schmachtfetzen „Ganz in Weiß", der damals die Nation verträumte, erhält angesichts der in Plastikwannen einweichenden Windeltücher eine durchaus amüsante Note.

Echte Klassiker: Frotteestrampler und „Schneewittchensarg"

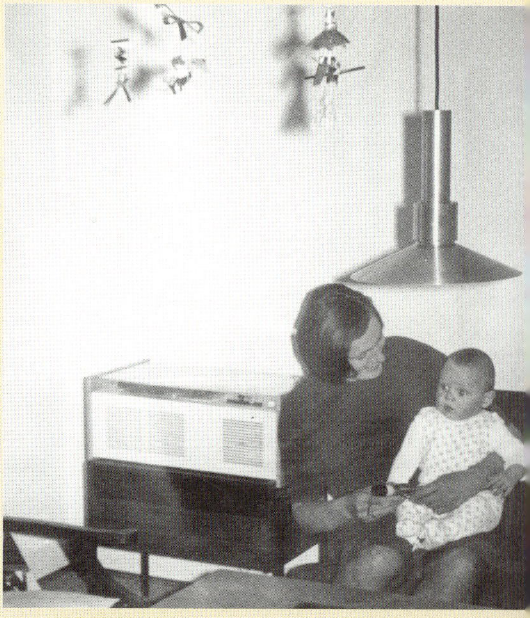

Chronik

30. Juli 1966
In einem dramatischen WM-Endspiel verliert Deutschland gegen den Gastgeber England. Das „Wembley-Tor" in der Verlängerung ist bis heute umstritten.

29. August 1966
In San Francisco treten die Beatles zum letzten Mal gemeinsam auf.

13. März 1967
Anklage gegen den Arzneiproduzenten Grünewald GmbH. Das Schlafmittel „Contergan" hatte, nach der Einnahme während der Schwangerschaft, zu extremen Missbildungen bei Neugeborenen geführt.

5.–10. Juni 1967
Der so genannte „Sechs-Tage-Krieg" zwischen Israel und arabischen Nachbarn findet statt.

9. Oktober 1967
Ernesto „Che" Guevara wird in Bolivien von Militärs ermordet.

1. Januar 1968
In der BRD wir die Mehrwertsteuer eingeführt. Sie beträgt zunächst 10%.

30. Januar 1968
In Vietnam beginnen Truppen der Nordvietnamesen und Vietcong die Tet-Offensive auf die südvietnamesischen und amerikanischen Einheiten. Der Angriff scheitert, führt jedoch zu starken Protesten in den USA und Europa.

4. April 1968
Der schwarze Bürgerrechtler Martin Luther King wird in Memphis/USA von einem weißen Attentäter erschossen. Der Tod des Friedensnobelpreisträgers (1964) löste vielerorts Unruhen aus.

11. April 1968
Der Studentenführer Rudi Dutschke wird in West-Berlin von einem jungen Arbeiter angeschossen und lebensgefährlich verletzt.

20./21. August 1968
In der Tschecheslowakei beenden Panzertruppen des Warschauer Paktes den „Prager Frühling".

Neugierig schauten wir vom Stubenwagen in die Welt

Unsere Welt roch nach Penaten-Creme. Ein Geruch, der nicht nur allen 1966 geborenen Kindern wohl bis heute heimelige Gefühle vermittelt. Und unser erster und bester Freund war der Teddy. Ob mit oder ohne Knopf im Ohr, war er immer dabei. Er bewachte unseren Wiegenschlaf und begleitete unsere ersten Ausflüge in der modernen Sportkarre. Da

Frische Luft war wichtig:
Spazierfahrt im sportlichen Kinderwagen

unsere Mütter stets auf dem neuesten Stand waren, wenn es um zweckmäßige Dinge ging, verschwanden die klobigen Kinderwagen bald von den Spazierwegen. Wir wurden in praktische Frotteestrampler gesteckt, mit hygienisch unbedenklichen Plastikrasseln versorgt und in der Küche wurde sterilisiert, was das Zeug hielt. Immer brodelte irgendein Kochtopf, in dem Schnuller, Nuckel oder Spielzeug schwammen – und im Hintergrund sang Frank Sinatra seinen neuesten Hit: „Strangers in the night".

Benno Ohnesorg und der Schah von Persien

Als Benno Ohnesorg am 2. Juni 1967 an der ersten Demonstration seines Lebens teilnahm, war er Student und wollte Lehrer werden. Mit anderen pazifistisch Gesinnten war er dem Aufruf des „Sozialistischen Deutschen Studentenbundes" gefolgt, gegen den Schah von Persien zu demonstrieren, der als Staatsgast die Berliner Deutsche Oper besuchte. Mehrere tausend Demonstranten machten ihrem Protest gegen die Verletzung der Menschenrechte in Persien mit Sprechchören, Mehltüten und Farbbeuteln Luft. Nachdem die „Schah, Schah, Scharlatan"-Rufe weitgehend verklungen waren, schlugen bezahlte Anhänger des Schah (sog. „Jubelperser") mit Dachlatten auf die Demonstranten ein. Panik brach aus und die Situation eskalierte. Auch die Polizeikräfte prügelten nun auf die Demonstranten ein, wobei Benno Ohnesorg auf einem Hinterhof von einer Polizeikugel tödlich getroffen wurde. Die offensichtliche Gewaltbereitschaft der staatlichen Behörden führte zur Radikalisierung der Außerparlamentarischen Opposition (APO). Es begann die Revolution der Studenten. Mit dem Motto „Unter den Talaren – Muff von 1000 Jahren", lernte die bürgerliche Kriegsgeneration das Gruseln.

Nach seinem gewaltsamen Tod am 9. Oktober 1967 wurde Ernesto „Che" Guevara zum Mythos einer Generation

„Das zügellose Treiben der Jungen"

Wer sich am Ende der 60er Jahre von dem als spießig und kleinbürgerlich empfundenen Zeitgeist lösen wollte, der schaute nach Berlin. Am Neujahrstag 1967 hatte sich dort die erste politisch motivierte Wohngemeinschaft Deutschlands gegründet: die Kommune eins (K1). Nach dem Motto: „Das Private ist politisch!", provozierten die Bewohner selbstbewusst und mit viel satirischem Witz das Bürgertum. Sie trugen lange Haare und dicke Perlenketten zu Mao-Anzügen und Militärmänteln, ließen sich nackt fotografieren und sprachen öffentlich über ihre Beziehungen, Eifersucht und Sex. Was heute in nahezu jeder Nachmittags-Talk-Show die Regel ist, war in unseren Windel-Jahren ein echter Tabubruch. Mit politischen Argumenten rissen die WG-Bewohner die moralischen Schranken der heilen Bürgerwelt nieder und wurden zu Vorreitern der „sexuellen Revolution". Originelle Spontanaktionen heizten die Diskussion über das Rollenverständnis der Geschlechter und die überzogene Sexualmoral wöchentlich aufs Neue an. Das Idyll der „anständigen" deutschen Kleinfamilie wurde bis ins Mark erschüttert.

Als Bürgerschreck und „revolutionäre Krawallmacher" wirkte die K1 bis zu ihrer Auflösung 1969. Doch ihr Ruf blieb unvergessen. Vor allem in konservativen Kreisen haben sich bis heute vielfach die Vorurteile gegenüber Wohngemeinschaften erhalten, als Heimstätte subversiver Gesinnungen, selbstverständlichem Gruppensex und maßlosem Drogenkonsum.

„Bitteschööööön!"

In dem Jahr, als unsere Eltern unsere Geburt überstanden und den scheinbar aussichtslosen Kampf mit Windeln, Puder und Babyöl aufnahmen, hielt bereits eine unserer schönsten Kindheitserinnerungen Einzug ins Fernsehen: der Hase Cäsar. Die Erstausstrahlung der Serie begann am 7. August 1966. Nur ein Jahr später erhielt das hektische Plüschtier sogar einen menschlichen Ko-Moderator, der ihm half, durch die Serien „Schlager für Schlappohren" zu führen. Toningenieur „Aaaarnoooo" (der Schauspieler Arno Görke) wurde regelmäßig mit Klamauk in den Wahnsinn getrieben, wenn sich der Hase frech und bissig über die aktuelle Musik ausließ. Zahlreiche Showgrößen gaben sich die Ehre und traten bei „Haaase Cääääsar" auf, der sich 1972 sogar zum Ehrendoktor berufen fühlte. Als Dr. h.c. Cäsar lernten wir ihn kennen und vergnügten uns an seinen „Beratungen aller Art", wobei ihn ebenfalls sein Freund Arno, diesmal als „Krankenschwester", unterstützte: „Bitteschööööön!"

Die Fernsehwelt wird farbig

Am Vormittag des 25. August 1967, genau drei Minuten vor elf, wurde in Deutschland die Ära des Farbfernsehens eingeläutet. Willy Brandt, damals Vizekanzler, hatte die Ehre, auf der Internationalen Funkausstellung den berühmten roten Knopf zu drücken. Dass der prominente „Knopfdrücker" dabei von den Technikern überholt wurde, war abends, als mit „Der goldene Schuss" die erste Fernsehshow in Farbe ausgestrahlt wurde, längst wieder vergessen. Aber erst die Fußball-Weltmeisterschaft 1974 verhalf dem Farbfernsehen zum endgültigen Durchbruch.

Am Samstag war Badetag

Waschrituale am Samstag

Erst wurde das Auto gewaschen, dann erhielten wir Knirpse eine Komplettreinigung. Samstags war Wasch- und Badetag. Für uns immer ein Festtag. Nachdem die Familienkarosse mit dicken Schwämmen und spritzigen Gartenschläuchen auf Hochglanz gewienert worden war, heizte Mutter gegen Abend das Badezimmer an. Wenn es dann aus der riesigen Wanne dampfte und die quietschbunten Badezusätze zu wahren Schaumbergen heranwuchsen, begann der Spaß. Meist mussten wir noch ein, zwei Mal ins Kinderzimmer flitzen, um ja alle Utensilien zusammenzuklauben: die bunten Sandkasten-Förmchen, einige Plastikfiguren vom Bauernhof und eine ganze Armada von wasserfesten Schwimmobjekten. Das eigentliche Waschen, vor allem der Haare, war natürlich weniger schön, da alle Shampoos – auch wenn sie nach Apfel rochen – in den Augen brannten. Dennoch konnten wir Stunden damit verbringen, uns Hüte aus Schaum zu bauen und uns gegenseitig mit Wasser zu bespritzen. Schließlich, wenn die Finger schon ganz schrumpelig waren und sich das geflieste Badezimmer in ein Feuchtbiotop verwandelt hatte, nahm uns Mutter mit Handtuch und Fön in Empfang. Durchgerubbelt und trockengefönt mochten wir kaum in den frischen Schlafanzug steigen, der meist noch ganz kratzig war. Schnell huschten wir dann durch die kühle Wohnung unter unsere dicken Federbetten und waren bald, noch ehe die Portion Penaten-Creme ganz eingezogen war, tief und fest eingeschlafen.

Maria Furtwängler

Stefan Raab

Prominente 66er

19. Jan. **Stefan Edberg** (schwedischer Tennisprofi)
8. Feb. **Bruno Labbadia** (deutscher Fußballspieler und Trainer)
9. Feb. **Christoph Maria Herbst** (deutscher Schauspieler)
11. Feb. **Patrik Kühnen** (deutscher Tennisspieler)
20. Feb. **Cindy Crawfort** (US-amerikanisches Model und Schauspielerin)
18. März **Anne Will** (deutsche Journalistin)
25. März **Jeff Healey** (kanadischer Bluesgitarrist)
3. April **Michael Mittermeier** (deutscher Komiker)
15. April **Samantha Fox** (britische Sängerin)
16. April **Kai Wiesinger** (deutscher Schauspieler)
19. April **Oliver Welke** (deutscher Autor und Komiker)
1. Mai **Olaf Thon** (deutscher Fußballspieler)
30. Mai **Thomas Häßler** (deutscher Fußballspieler)
28. Juni **John Cusack** (US-amerikanischer Schauspieler)
30. Juni **Mike Tyson** (US-amerikanischer Schwergewichtsboxer)
30. Juli **Cosima von Borsody** (deutsche Schauspielerin)
3. Aug. **Svenja Pages** (deutsche Schauspielerin)
14. Aug. **Halle Barry** (US-amerikanische Schauspielerin)
25. Aug. **Sandra Maischberger** (deutsche Journalistin, Moderatorin und Autorin)
2. Sep. **Selma Hayek** (mexikanische Schauspielerin)
7. Sep. **Gunda Niemann-Stirnemann** (deutsche Eisschnellläuferin)
9. Sep. **Adam Sandler** (US-amerikanischer Schauspieler und Produzent)
13. Sep. **Maria Furtwängler** (deutsche Schauspielerin und Ärztin)
20. Okt. **Stefan Raab** (deutscher Entertainer und Produzent)
17. Nov. **Sophie Marceau** (französische Schauspielerin)
5. Dez. **Patricia Kaas** (französische Sängerin)
10. Dez. **Jennifer Nitsch** (deutsche Schauspielerin)
21. Dez. **Kiefer Sutherland** (kanadischer Schauspieler)

Zwischen Hippies, Hitparade und Hotzenplotz

Das 4. bis 6. Lebensjahr

Aufbruch nach Utopia

1969 endeten die 60er Jahre. Der neue Bundeskanzler Willy Brandt hatte höhere Lebensqualität und Chancengleichheit für alle versprochen. An die Zukunft des nächsten Jahrzehnts wurden aber nicht nur deshalb hohe Erwartungen geknüpft. Der erste Regierungswechsel in der Bundesrepublik und Menschen, die über den Mond liefen, das waren untrüglich Omen einer neuen Zeit. Politische Visionen erschienen nun greifbar und selbst utopische Lebenssehnsüchte endlich realisierbar. Während wir Dreikäsehochs des Jahrgangs 1966 begannen, die Welt jenseits der Laufställe zu erkunden, erlebten unsere Eltern ebenfalls eine Aufbruchstimmung, wie sie in den folgenden 40 Jahren nicht noch ein-

Als die Telefone noch grau waren

Chronik

18. Januar 1969
Dieter Thomas Heck moderiert die erste Folge der „ZDF-Hitparade".

5. Juni 1969
Ein sowjetisches Passagierflugzeug erreicht erstmals die Überschallgeschwindigkeit.

9. August 1969
Charles Manson und seine Anhänger ermorden im pseudoreligiösem Wahn die schwangere Filmschönheit Sharon Tate und ihre Freunde.

21. Oktober 1969
Willy Brandt (SPD) wird deutscher Bundeskanzler.

1. Januar 1970
Einer achtköpfigen Familien gelangt über die zugefrorene Elbe die Flucht aus der DDR.

10. April 1970
Die Beatles trennen sich.

1. Mai 1970
In Ohio, USA, werden vier Studenten bei einer Protestdemonstration gegen den Vietnamkrieg von der Nationalgarde erschossen.

18. September / 4. Oktober 1970
Innerhalb weniger Tage sterben zwei Symbole der rebellischen 60er Jahre: Jimi Hendrix und Janis Joplin.

3. Mai 1971
Erich Honecker übernimmt das Amt des Ersten Sekretärs des Zentralkomitees der SED. Walter Ulbricht war aus Altersgründen zurückgetreten.

15. September 1971
Gründungstag der Umweltaktivisten „Greenpeace".

22. Oktober 1971
Die RAF erschießt in Hamburg den Polizisten Norbert Schmidt.

Die erste elektrische Autorennbahn: Und wir durften nur zuschauen

mal kommen sollte. Endlich war der Startschuss gegeben worden, die biedere Ernsthaftigkeit der Nachkriegsjahrzehnte endgültig zu überwinden. Alles Konventionelle wurde als verstaubt empfunden, Innovationen mussten her: die Formen rund, die Farben fröhlich und das Design futuristisch. Und die Werbung, die seinerzeit noch Reklame hieß, bereitete ihren Großangriff auf die Konsumwünsche der sich wandelnden Gesellschaft vor. Die Wohneinrichtung, das Auto und vor allem die Mode wurden zum Ausdruck dieses Trends zum Neuen, Dynamischen und Sportlichen. Alles war von Optimismus geprägt – und wir mitten drin und völlig ahnungslos.

Sozialkompetenz mit Schmierkäse

Das Wichtigste am Kindergarten war die Kindergarten-Tasche. In der Tasche das liebevoll geschmierte Butterbrot; und die Tasche wur-

Kindergarten, ich komme

de im Kindergarten an Haken gehängt, die da in langen Reihen auf uns warteten. Wir hatten jeder unseren eigenen Haken, meist im Form eines Tieres. Alles musste seine Ordnung haben, bevor mit dem gemeinsamen Singen, Spielen, Bauen, Malen unsere Sozialkompetenzen eine Förderung erfuhren. Wir hatten ja keine Ahnung – und die meisten unserer Eltern verfolgten es mit Abscheu – was sich auf diesem Sektor seinerzeit gerade in Berlin tat. In zwölf „antiautoritären Kinderläden" wurden ab 1969 die Kleinsten ohne Zwang erzogen. Sie durften, wovon wir nicht einmal zu träumen wagten: auf Tische klettern, Wände bemalen, mit Händen essen und Eltern die Zunge herausstrecken. Es waren die unartigsten Kinder der Nation, und sie kamen ohne Bestrafung davon. Deren Eltern nannten das „Erziehungsmethode mit Zukunft", unsere nannten das „Kappes", und meinten damit nicht den Weißkohl.

Wie das wohl ist, wenn man alles darf, was man will? Nun, die meisten von uns hatten kein Problem mit dem ordentlichen Haken – wenn das Tierbild gut und die „Stulle" dick mit Schmierkäse bestrichen war.

Mondsüchtig

Inzwischen hat man die Bilder von der Mondlandung so häufig gesehen, dass sie zu einem Teil der eigenen Erinnerung geworden sind. Eine halbe Milliarde Menschen hatten weltweit verfolgt, wie die amerikanische Flagge auf dem Erdtrabanten gehisst wurde. Doch es darf bezweifelt werden, dass tatsächlich viele des 66er Jahrgangs live verfolgt haben, wie Neil Armstrong und Edwin „Buzz" Aldrin am 20. Juli 1969 als erste Menschen auf dem Mond landeten. Um 22.17 Uhr mitteleuropäischer Zeit lagen wohl die meisten etwa dreijährigen Kinder in den Betten und waren auf dem Weg ins Traumland und nicht zum Mond. Erst recht, als Neil Armstrong am nächsten Tag die Mondlandefähre „Eagle" verließ und mit dem Satz: „Dies ist ein kleiner Schritt für einen Menschen, aber ein großer Sprung für die Menschheit" die ersten menschlichen Fußstapfen in den Mondstaub drückte – da war es bereits 3.56 Uhr und selbst unsere Eltern schliefen.

Die Fahndungsbilder von Terroristen wurden alltäglich

„Mordversuch. 10 000 DM Belohnung"

Maskierte Menschen, Pistolenschüsse, Tränengas und davonrasende Autos: Am 14. Mai 1970 fand in Berlin eine brutale Befreiungsaktion statt, die als Geburtsstunde der linksterroristischen Rote Armee Fraktion (RAF) gilt. Der wegen menschengefährdender Brandstiftung inhaftierte Andreas Baader wurde mit Hilfe der Journalistin Ulrike Meinhof und anderen aus dem Polizeigewahrsam befreit. Nur wenig später hingen überall die ersten Fahndungsplakate von Ulrike Meinhof: „Mordversuch. 10 000,- DM Belohnung". In den folgenden Jahren wurde auf diese Weise nach immer mehr Personen gesucht. Nur manchmal signalisierte ein durchkreuztes Gesicht den Fahndungserfolg.

Nach dem Vorbild südamerikanischer Widerstandskämpfer verstand sich die RAF als kommunistische „Stadtguerilla". Aus dem Untergrund heraus nahmen die Mitglieder einen bewaffneten Kampf gegen das „System" auf, um auch Deutschland vom kapitalistischen Staat und dem „US-Imperialismus" zu befreien. Feige Anschläge und brutale Entführungen mit 34 Toten und zahlreichen Verletzten pflasterten den Weg ihres internationalen Befreiungskampfes. Die als Baader-Meinhof-Bande in Erinnerung gebliebene RAF erklärte im April 1998 ihre Selbstauflösung: „Heute beenden wir dieses Projekt. Die Stadtguerilla in Form der RAF ist nun Geschichte."

Überwältigt von der Welt des Konsums

Lebensraum Küche

Praktisch sollte alles sein, pflegeleicht und hygienisch. Bis zu Beginn der 70er Jahre war fast jede Wohnung mit einer kunststoffbeschichteten Einbauküche ausgestattet worden. Bevorzugte Farbe: klinisch weiß. Hier war alles integriert: die Kochmulde in die Arbeitsplatte, die Kühlschranktür in die Front und die Hausfrau wieder in das Familienleben. Wohnküchen, so zeigte sich, waren wieder im Kommen, so dass Mutter gleichzeitig das Essen vorbereiten und unsere Experimente mit Knetgummi und Wachsmalkreide überwachen konnte. Als Nonplusultra der „Systemküche" galten versenkbare Maschinen, elektrische Dunstabzüge und Tiefkühlschränke – denn schließlich konnten unsere Mütter 1970 schon

Gesund war gut, bunt war besser

zwischen 550 Fertiggerichten wählen. Doch bis sich Fertigpizza und Gefrier-Pommes zu einer Selbstverständlichkeit auf Einkaufszettel und Speiseplan durchsetzten, sollte noch einige Zeit vergehen. Bis dahin blieb der Gang zum Italiener ein echtes Ereignis. Und eine Portion Pommes – mit ohne alles oder mit möglichst viel Ketchup – gab es nur zu ganz besonderen Gelegenheiten. Damit wir Kinder auch ohne Fastfood groß und stark wurden, dafür gab es Lebertran, Spinat und Rotbäckchen. Der ölige Fettsaft aus den Lebern von Kabeljau und Dorsch wurde regelmäßig mit einem großen Löffel verabreicht und schmeckte so schlecht, wie er sich anhört. Später gab es ihn in Form von gummiartigen Pillen, die alle drei Tage vor dem Essen eingenommen werden sollten. Die Dragees hatten zwei Vorteile: Sie waren relativ geschmacksneutral und man konnte sie mit ein wenig Geschick verschwinden lassen, wenn Mutter mal gerade wegschaute. Mit dem Hinweis auf den Zeichentrick-Seemann Popeye kam mindestens alle 14 Tage das grüne Gemüse auf den Tisch, damit unsere schwachen Muskeln zu Eisensträngen würden. Das haben wir schon nicht geglaubt, als wir noch im Kinderstühlchen saßen! Die Berichte unserer Mütter über wahre Spinatfontänen, mit denen wir uns des grauselig empfundenen Geschmackes quer über den Tisch entledigt haben, gehören wohl zu den „Best-of"-Szenen unserer Kindheit (wahlweise mit Karrottenpüree – Hauptsache mit viel Farbe ...). Anders war es bei Rotbäckchen, das war lecker. Die große braune Flasche mit dem märchenhaften Rotkäppchen-Gesicht stand meist bei den Großeltern, die uns ab und zu ein Glas gönnten. Immer nur ein Glas, weil dieser frühe Energie-Drink für Kids viel zu teuer war, um einfach nur den Durst zu löschen. Aber Oma und Opa durfte man ja immer ein zweites Mal fragen ...

Christopher Street Day

Bereits 1972 fand in Münster die erste größere Schwulen- und Lesbendemonstration auf deutschem Boden statt. In Bremen und Berlin erhielt der demonstrative Straßenumzug 1979 die Bezeichnung Christopher Street Day (CSD). Der Name erinnert an den ersten bekannt gewordenen Aufstand der Homosexuellen-Szene gegen gewalttätige Polizeirazzien und andere Repressionen durch Ordnungskräfte, der in der Christopher Street, New York, stattfand. Am 27. Juni 1969 setzten sich die Besucher der polizeibekannten Szene-Bar „Stonewall Inn" gegen die Willkür der Polizei zur Wehr – es folgten tagelange Straßenschlachten. Mit dem „Christopherstreet Liberation Day" erinnert man sich in New York seit 1970 alljährlich am letzten Samstag im Juni an die Aufsehen erregende Rebellion.

Wir waren die Artigsten – jeden Advent

Knautschige Plastikstiefel und viel zu viele Nüsse

Dass es tatsächlich Leute gibt, die ihre Schuhe vor die Zimmertür stellen, damit ein Angestellter sie bis zum nächsten Morgen auf Hochglanz bringt, erfuhren wir erst später. Meist aus schwarzweißen amerikanischen Spielfilmen, in denen Gary Grant, Gary Cooper, James Stewart und wie sie alle heißen ständig in teuren Hotels leben und immer Anzüge trugen. Als Westernhelden waren sie uns sowieso viel lieber, aber die zogen die Stiefel nie aus. Eigentlich durften wir die Filme ja noch nicht sehen. Aber manchmal konnte man einen kurzen Blick erhaschen, wenn Mutter von des Tages Mühen bei den Nachrichten eingeschlafen war und wir uns unter der Kuscheldecke nicht mucksten. Aber meist waren wir schon längst eingeschlafen, wenn der Tagesschau-Gong die Nation vor die Fernsehgeräte rief.

Bei uns wurden die Schuhe am Abend des 5. Dezember vor die Zimmertür gestellt. In der Hoffnung, sie am nächsten Tag nicht geputzt, aber randvoll mit Naschwerk vorzufinden, was ja nur geschah, wenn man „schön artig" gewesen war. Um dem Nikolaus möglichst viel zu entlocken, mussten es natürlich die größten Schuhe sein, am besten die bewährten Gummistiefel. Mit gespitzten Ohren lagen wir dick eingemummelt, den Blick starr auf die erleuchtete Türritze geheftet, um wenigstens einen flüchtigen Schatten des nächtlichen Besuchers zu erhaschen. In der kurzen Zeit, die es nur dauerte, um in tiefsten Schlummer zu fallen, gab es meist ein paar Gedanken darüber, ob es sich nicht vielleicht doch gelohnt hätte, Mutter häufiger beim Tischdecken zu helfen oder zuzugeben, dass das Buntstiftgemälde an der Wohnzimmertapete die eigene Kreation war.

Als ob jemand die Gedanken vernommen hätte, gab es am Nikolaustag meist eine kleine Enttäuschung. Wenn wir in aller Frühe, ohne die verordneten „Hüttenschuhe" (jene knallbunten Strickstrümpfe mit Ledersohle) aus dem Kinderzimmer stürmten, funkelte einem das Glitzerpapier entgegen. Neben einem knautschigen knallroten Plastikstiefel stand ein bunt geschmückter Weihnachtsteller. Mandarinen, in Folie gepresste Feigen (die mochten nur die Eltern) und viel zu viele Nüsse. Schokokugeln, Lebkuchen und diese langen, mit süßem Schaum gefüllten Waffeln waren schon gut, aber wusste der Nikolaus nicht, dass wir Kinder „Karamac" wollten? Vielleicht anstatt der Nüsse?

Im eigenen Stiefel steckten Wachsmalkreide und ein neues Lineal mit einer Comicfigur drauf. Die Untersuchung der Schuhspitze erbrachte meist nur Stopfpapier. Woher der Nikolaus die Zeitung mit dem Bild von gestern hatte, war uns egal. Na ja, wenigstens hatte der neue Frottee-Schlafanzug einen Rennwagen auf der Brust. Aber bis wir den gerne trugen, musste der erst ein paar Mal gewaschen und weich gerubbelt werden. Und dann schnell zum Adventskalender, die sechste Klappe aufmachen. Noch so lange bis Weihnachten?

Der große Spinat-Irrtum

Spinat enthält weniger Eisen als Schokolade! Wenn wir das doch früher gewusst hätten. Die Legende um das besonders eisenhaltige Gemüse hält sich hartnäckig, obwohl der Irrtum schon in den 1930er Jahren enthüllt wurde. Es gibt zwei Theorien, wie es zu der – für uns folgenreichen – Falschaussage gekommen sein könnte. Erstens, die Sekretärin des verantwortlichen Wissenschaftlers Gustav von Bunge hat sich bei einer Messung um eine Kommastelle vertan oder zweitens, die Angaben waren richtig, bezogen sich jedoch nicht auf frischen Spinat, der ja zu 90 % aus Wasser besteht, sondern auf getrockneten.

Na ja, bleibende Schäden hat das Grünzeug wohl nicht angerichtet.

Jungentraum mit Lenkrad und Bremse

Weihnachten, die zweite Chance

Schnell hatten wir heraus, dass all das, was der gestiefelte alte Mann mit langem Bart und düster dreinblickendem Gehilfen vergessen hatte, eine zweite Chance hatte, um zu uns zu gelangen. In ein paar Wochen war Weihnachten ... Irgendwann fing es meist an zu schneien. Dicke weiße Flocken trudelten vom Himmel, während wir mit Oma in einer warmen Wolke aus süßen Duftschwaden Kekse formten und in den Ofen schoben. War der heimelige Duft verflogen, machte sich der Geruch von Lösungsmitteln breit, da unsere Pergamentsterne und Papierengel nur mit viel, viel Klebstoff in Form blieben. Basteln war angesagt. Aus Strohhalmen und Stopfgarn entstand ein ganzes Firmament gelber Sterne, die schon bald den „oh Tannenbaum" zieren sollten. Sich auf dem Schlitten durch die weiß gepuderten Wälder

Strohsterne und echte Kerzen:
Doch erst das „Kettcar" machte Weihnachten schön

ziehen lassen, allen Warnungen zum Trotz, eigene (meist nasse und sehr kalte) Erfahrungen mit trügerischen Eisflächen machen und das Verfassen des Wunschzettels füllten die Adventszeit vollends aus. Stundenlang durchstöberten wir die dicken Versandhauskataloge nach unbedingt notwendigen Utensilien für unsere Kinderzimmer, zählten immer wieder die noch geschlossenen Kalenderklappen und wurden mit zunehmender Anzahl der Adventskerzen noch braver, als wir es sowieso schon waren.

Der Heilige Abend zog sich endlos lange hin. Dabei waren wir doch schon so früh wach geworden. Aber bevor die Wachs- und Wunderkerzen endlich entzündet wurden, mussten wir im feinen Pullover ausharren. In der guten Hose ja nicht auf den Knien spielen, dann Kaffee und Kuchen, dann das ewig andauernde Essen (wobei der Nachtisch kaum die Dauer aufwog). Der Kirchgang war in Ordnung, denn wer zur Kirche geht ist brav, und wer brav ist, der bekommt – vielleicht – das schnittigste, schnellste, tollste Kettcar?!

Der Kniefall von Warschau

Die eine Hälfte der Bundesbürger fand es übertrieben, die andere Hälfte fand es angemessen, und so wurde die Geste Willy Brandts vor dem Ehrenmal des jüdischen Gettos in Warschau heftig diskutiert. Der Kniefall fand am 7. Dezember 1970 statt, als Polen und die Bundesrepublik den „Warschauer Vertrag" unterzeichneten, in dem u.a. die Oder-Neiße-Linie als Grenze anerkannt wurde. Im Rahmen einer neuen Ostpolitik war dies ein erfolgreicher Versuch, die Entspannungspolitik voranzutreiben. Der Kniefall förderte das internationale Ansehen der Bundesrepublik und Brandts, der nicht allein dafür 1971 den Friedensnobelpreis erhielt.

1971 eroberte das Hippie-Musical „Hair" auch Deutschland

Hippie-Meeting Woodstock

„Früher waren wir nur wenige, jetzt gibt es Massen und Massen und Massen von uns." So begrüßte die Sängerin Janis Joplin die Open-Air-Fans während des legendären Woodstock-Konzertes, und meinte die Hippie-Bewegung. Etwa 150 km nördlich von New York hatte der Veranstalter „Woodstock Ventures" zu einem „festival for peace and music" eingeladen. Das Drei-Tage-Ticket für den 15. bis 17. August 1969 kostete 18 Dollar. 32 Bands und Solisten aus den Stilrichtungen Folk, Rock, Soul und Blues sollten wenigstens 60 000 Fans locken. Insgesamt machten sich jedoch rund 1 Mio. Menschen auf den Weg und verursachten ein gigantisches Verkehrschaos. Über 400 000 Besucher erreichten das Festivalgelände, das bald in Regensturm und Matsch versank. Für den Veranstalter wurde es zu einem finanziellen Desaster, das erst durch den Woodstock-Film und das Album aufgefangen wurde.

Trotz der wüsten, unkontrollierbaren Zustände kam es in der Menschenmasse kaum zu Gewalttätigkeiten. Angeblich gab es drei Todesfälle infolge von übermäßigem Drogenkonsum. Andererseits kamen auf dem Festival vier Kinder zur Welt. „Make love, not war" – die friedliche Hippieparole schien tatsächlich zu funktionieren. Die Woodstock-Legende war geboren. Und alle, die seinerzeit zwischen 16 und 26 Jahre alt waren, nahmen Anteil daran. Egal, wo sie zu dem Zeitpunkt gerade über den Erdkreis wandelten, sie waren dabei. „Jahrgang 1966? Da habt Ihr Woodstock ja gar nicht richtig erlebt!"

Märchenonkel Otfried Preußler

Der Geschichtenerzähler unseres und vieler anderer Jahrgänge wurde 1923 in Böhmen geboren. Nach dem Zweiten Weltkrieg arbeitete er als Lokalreporter und schrieb verschiedene Geschichten für den Kinderfunk. Den Stoff für seine Geschichten schöpfte er aus den Erzählungen seiner Heimat, wo es von Gespenstern, Wassermännern und Hexen nur so wimmelt. Auch der Name des bekannten Räubers stammt aus dem mährischen Schlesien, wo es die kleine Stadt Hotzenplotz tatsächlich gibt. Preußlers Geschichten vom kleinen Wassermann (1955), der kleinen Hexe (1957), dem kleinen Gespenst (1966) uvam. wurden ein weltweiter Erfolg. Allein die drei Bücher vom Räuber Hotzenplotz (1962, 1969, 1973) wurden in 34 Sprachen übersetzt und über 6 Mio. Mal verkauft. Otfried Preußler sagte: „Ich habe die Überzeugung gewonnen, dass Kinder das beste und klügste Publikum sind, das man sich als Geschichtenerzähler nur wünschen kann. Kinder sind strenge, unbestechliche Kritiker." Recht hat er!

Die Klassiker im Kinder-Bücherregal

Plotzenhotz und Wackelzahn

Das allabendliche Vorlesen gehörte dazu, wie das Gute-Nacht-Gebet und Lebertran – nur viel schöner. Es dauerte gar nicht so lange, da kannten wir uns in der Märchenwelt der Gebrüder Grimm bestens aus. Auch Bilderbücher konnte es gar nicht genug geben. Ob Tiere oder Feuerwehr, brave Kinder oder wilde Kerle – alles wurde so häufig durchblättert, bis die Seiten auseinander fielen. Doch kaum etwas war so spannend wie die Geschichten von dem großen, mit sieben Messern und einer Pfefferpistole bewaffneten Schurken namens Hotzenplotz, der es auf Großmutters Kaffeemühle abgesehen hatte. Zwar war die Kaffeemühle unserer Oma inzwischen elektrisch, doch die Ungerechtigkeit verstanden wir auch so – auch wenn uns die Namen Kasperl und seines Freundes Seppel ein wenig befremdlich waren. Und die Polizisten in unseren Bilderbüchern trugen auch keine Pickelhaube wie der Wachtmeister Dimpfelmoser ... Wenn dann der große Zauberer Zepodilius Wackelzahn alias Reprozilius Fackelspan alias Petrosilius Zwackelmann auftauchte, wurde es sogar ein wenig gruselig. Schließlich hatte er die Fee Amaryllis in eine Unke verwandelt und in den düsteren Unkenpfuhl gesperrt, aus dem unsere beiden Helden sie später befreiten. Wir haben die Geschichte immer wieder hören können. Vor allem, weil sie jedes Mal wieder gut endete: Der böse Zauberer versank im Unkenpfuhl, der Räuber saß im Spritzenhaus und für Kasperl und Seppel gab es so viel Pflaumenkuchen mit Schlagsahne, wie sie essen konnten. Nein, für das Hören dieser Geschichte hätten wir mit niemandem getauscht, „selbst mit dem Kaiser von Konstantinopel nicht."

Generation Y: die Welt ist eine Wundertüte

Das 7. bis 10. Lebensjahr

Mutter, Mütter und die Schultüte

Wer Glück hatte, der wurde gemeinsam mit einem Nachbarskind eingeschult, dann kannte man ja schon jemanden. Wer Pech hatte, der wurde in eine andere Klasse eingeteilt als das Nachbarskind, dann war man wieder alleine. Aber noch war Mutter ja dabei und hörte sich mit uns gemeinsam das Liedgut der Viertklässler an. Der Schuldirektor sprach festliche Worte, die wir kaum verstanden, während wir uns fest an die riesige Schultüte klammerten und neugierig auf die anderen Kinder schielten. Mutter kannte die meisten Mütter. Die anderen Mütter unterhielten sich mit unserer Mutter und so war bald ausgemacht, wo wir uns hinsetzen sollten, weil unsere Mutter die Mutter des Banknachbarn kannte. Und als Mutter und die anderen Mütter dann verschwunden waren, verloren nicht wenige den Mut, denn dann begann er, der Ernst des Lebens.

Die Schultüte war schnell geplündert und im unteren Teil als ausgestopfte Mogelpackung entlarvt worden (was uns seltsam vertraut vorkam). Und während wir erste Versuche mit Buntstiften und „Ratzefummel" starteten, wurden die Berge von Süßigkeiten verputzt. Nun erklärte uns das Fräulein Lehrerin, dass fortan nicht das neue Matchbox-Auto, sondern Stifte, Hefte und Bücher unser Leben bestimmen würden. Bald schon zogen wir mit

Chronik

23. Januar 1972
Mit ihren „Lach- und Sachgeschichten" erobert die „Sendung mit der Maus" erstmals unsere Herzen.

28. Januar 1972
Bund und Länder beschließen den Radikalenerlass, wonach Mitglieder extremer Organisationen vom öffentlichen Dienst ausgeschlossen werden.

30. Januar 1972
In Irland findet der „Blutsonntag" (Bloody Sunday) statt.

23. September 1973
In Deutschland werden die bundesweit gültigen Notrufnummern 110 und 112 beschlossen.

6. Oktober 1973
Im Nahen Osten beginnt der „Jom-Kippur-Krieg" zwischen Ägypten und Syrien gegen Israel. Er liefert den Vorwand für den Anstieg der Rohölpreise (Ölkrise).

31. Dezember 1973
In der TV-Serie „Ein Herz und eine Seele" gewährt Heinz Schubert alias Alfred Tetzlaff erstmals Einsicht in das deutsche Spießer-Leben.

17. Januar 1974
Mit scheinbar übersinnlichen Kräften verbiegt Uri Geller in der Fernsehshow Besteck.

22. September 1974
Der lollilutschende Glatzkopf Theo Kojak (Telly Savalas) begeistert in der TV-Serie „In den Straßen von Manhattan" die Zuschauer: „Entzückend".

5. November 1974
Erstausstrahlung der Comicsendung „Barbapapa", mit Barbamama, -bella, -rix, -lala, -wum uvm.

1. Januar 1975
In der BRD wird das Alter zur Volljährigkeit von 21 auf 18 gesenkt.

30. April 1975
Kommunistische Einheiten erobern Saigon, Südvietnam kapituliert bedingungslos und die letzten US-Einheiten fliehen: der Vietnamkrieg ist beendet.

Endlich ging die Schule los

Wachsmalstiften bunte Schleifen auf dünnen Linien, aus denen dann irgendwann Buchstaben und Wörter wurden. Der Tag, an dem wir selbst in der Sporthalle für die Erstklässler singen sollten und der „Tintenkiller" unser bester Freund wurde, war noch unendlich weit weg. Noch waren wir die „I-Dötze"; und furchtbar stolz darauf, eine eigene „Tonne" tragen zu dürfen.

Sonntagsfahrt und Klebebilder

Als die Sonntage in Deutschland noch die ersten Tage der Woche waren – erst seit dem 1. Januar 1976 ist der Sonntag laut DIN 1355 der siebte Tag der Woche und damit Wochenende – da waren es noch richtige Feiertage. Es wurde mit der ganzen Familie ausgiebig

Pullover und Cordhose: im Sonntagsstaat

gefrühstückt, die Eltern zogen sich die „guten" Sachen an und wir wurden in kratzige Hosen und knisternde Pullover gesteckt. Bloß nichts schmutzig machen, sonst war Ärger angesagt. Spätestens dann, wenn Vater sich beim „Internationalen Frühschoppen" über die aktuelle Politik informiert hatte, ging es los. Irgendwo in der Verwandtschaft lauerte bestimmt ein akkurat gedeckter Tisch, auf dem ein Rindfleischbraten thronte, flankiert von Suppe und Pudding. Gestärkte Tischdecken forderten von uns jedes Mal ein Höchstmaß an Konzentration und Übung mit dem Besteck ab, was nicht selten daneben ging. War keine familiäre Pflichtveranstaltung angesagt, wurde nach dem Sonntagsbraten das Auto ausgeführt. Die gesamte Familie gondelte dann mit gebügelten Kragen in der samstags gewienerten Familienkutsche durch die Umgebung. Richtung Vogelpark, an einen See mit Aussichtsterrasse oder einfach so. „Ihr müsst auch gucken wie schön das ist, wenn wir schon mal losfahren!" – Das galt meist der Rückbank, auf der wir Kinder uns mit dem aktuellen Spielzeug beschäftigten. Und eines war klar: dass Vater in den kommenden Tagen wieder die Tankstelle ansteuern musste – und dann gab es wieder die neuen Tier- oder Abenteurerklebebilder. „Babies der Wildnis" ist tatsächlich vollständig, nur bei der „Expedition ins Abenteuer" fehlt der sinkende Fesselballon auf Seite 62 – ärgerlich.

„Es gibt viel zu tun. Packen wir's an." – wir wollten von der Tankstelle nur die Klebebilder

Ein Terror-Tag im September

Sommer 1972. Einige von den 66ern waren schon begeisterte Grundschüler, auch wenn es mit dem Schönschreiben nicht immer so klappte. Wenn die Lehrerin uns in pädagogischer Weitsicht einen bunten Stempel unter die Hausaufgaben drückte, waren wir stolz. Doch auch das gelang nicht immer, da

Extrablatt

Bersenbrücker Kreisblatt

Fernruf: Quakenbrück *2081 — Artländer Anzeiger — Fürstenauer Anzeiger — 1 W 1724 A

Quakenbrücker Anzeiger und Tageblatt · Amtliches Bekanntmachungsblatt der Behörden — Heimatzeitung für den Altkreis Bersenbrück und das südliche Oldenburg

Tragödie in München: Alle Geiseln getötet Insgesamt 17 Opfer

Blutbad auf dem Flugplatz - Erste Meldungen über Befreiung waren falsch

Die Ereignisse um Olympia erschütterten die Welt

das tolle Wetter uns eher in die Badeanstalt lockte als an den Küchentisch, wo Mutter die Schreibübungen überwachte. Ab dem 26. August beherrschten springende, laufende, schwimmende Menschen das Tagesgeschehen. Wie eine persönliche Auszeichnung empfanden unsere zeitunglesenden Eltern jeden Morgen die Nachrichten von der Medaillenvergabe. Was sonst selten vorkam, aber während der XX. Olympischen Spiele wurde das Fernsehgerät auch schon mal nachmittags in Betrieb genommen. Olympia, Olympia, Olympia, und wir verpassten die Abenteuer von Captain Kirk und seiner Crew, die seit dem 27. Mai durch die unendlichen Weiten des deutschen Fernsehens reisten. Na, eigentlich standen wir ja sowieso mehr auf die Sendung mit der Maus und erfreuten uns neuerdings an dem Wassermann namens Plumpaquatsch, der die Susanne ärgerte.

Die Maus hat uns ja viel von der Welt erklärt, aber was es mit diesen Personen auf sich hatte, die einen von riesigen, rot umrandeten Plakaten aus anstarrten, nicht. Belohnung verstanden wir, „Terroristen" nicht. Erst im Juni waren wichtige RAF-Mitglieder verhaftet worden. Die Polizei hatte ihre Arbeit getan, das Land war wieder sicher und die Angst vor dem Terror nur noch Erinnerung – bis zum 5. September. In den Morgenstunden hatte die palästinensische Terrorgruppe „Schwarzer September" elf israelische Sportler als Geiseln genommen. Zwei von ihnen verstarben noch im Olympischen Dorf. Wo tags zuvor noch der olympische Gedanke gefeiert wurde, beherrschten jetzt maskierte und mit Sturmgewehren bewaffnete Terroristen die Mattscheibe. Ihre Forderung: freies Geleit von 232 in Israel inhaftierten Palästinensern und die Freilassung von Ulrike Meinhof und Andreas Baader.

Deutschland stand unter Schock. Der ganze riesige, unfehlbare Staatsapparat im Griff einer kleinen Gruppe, die Polizei völlig überfordert. Auf dem Flughafen von Fürstenfeldbruck dann das blutige Finale. Hubschrauber, Scharfschützen und schließlich sogar Panzerfahrzeuge ziehen auf, begleitet von Radiomikrofonen und Fernsehkameras. Der Befreiungsangriff missglückt. Alle neun Geiseln, ein Polizist und fünf der neun Geiselnehmer kommen ums Leben. Das Desaster wird live in die ganze Welt übertragen.

Die Unterbrechung der Olympischen Spiele dauerte einen ganzen Tag. Nach einer Trauer- und Gedenkfeier ließ der IOC-Präsident Avery Brundage die Wettkämpfe fortführen: „The games must go on – Die Spiele müssen weitergehen."

Wir waren etwa sechs Jahre alt und verstanden nicht so recht was geschah. Die Heiterkeit der Sportwettkämpfe war verflogen, gedrückte Stimmung auch am elterlichen Frühstückstisch. Die Spiele gingen weiter und wir begaben uns noch ein paar sonnige Tage lang in die überchlorte Badeanstalt, wo wir uns mit einem „Negerkuss-Brötchen" für unsere sportlichen Höchstleistungen belohnten. Sich mit blauen Lippen auf sonnigen Holzbänken lümmeln, eine Schleckmuschel aussaugen und bloß nicht dem Sheriff in weiß auffallen, der mit Platzverweisen höchst freigiebig war. Besonders dann, wenn wir mit „A-Bombe", „Holzbein" und „Seemannsköpper" das friedliche Dümpeln der Plastik-Badekappen mit bunter Fransen-und Blumenornamentik in Unruhe brachten.

Die Watergate-Affäre

Benannt nach einem Wohn- und Hotelkomplex in Washington D.C., in dem die demokratische Partei während der US-Präsidentschaftswahlen 1972 ihr Hauptquartier bezogen hatte. Ein Einbruch in die Büroräume (17. Juni 1972), bei dem Abhörmikrofone installiert und Fotos gemacht wurden, führte zu einer ernsthaften Verfassungskrise in den USA. Zwei Journalisten der Washington Post, Robert Woodward und Carl Bernstein, enthüllten einen Politikskandal, der bis ins Weiße Haus führte. Im August 1974 zog der republikanische Präsident Richard Nixon die Konsequenzen und trat zurück.

Mit der Affäre begann die politische Berichterstattung der Massenmedien sehr viel aggressiver zu werden. Überall schwärmten die „investigativen" Journalisten aus, um weitere Skandale in hohen politischen Kreisen aufzudecken. Jeder wollte nun ein wenig so sein wie Robert Redford und Dustin Hoffman in dem Watergate-Fim „Die Unbestechlichen" (1976).

„Keeksee!" und Zeitgeist

Seit dem 8. Januar 1973 schallt dieser wohlbekannte Schlachtruf durch die deutschen Wohnzimmer. Ein Alarmruf für unsere Mütter. Wehe, wir gingen mit unseren Butterkeksen oder der Prinzenrolle so um, wie es uns das gierige Zottelmonster mit den rollenden Kugelaugen da im Fernsehen vormachte. Nachdem die Sesamstraße über den großen Teich in unsere drei Fernsehkanäle geschwappt war, war uns das Krümelmonster auf Anhieb sympathisch. Klar, eigentlich fühlten wir uns ja schon groß, gingen bereits

Sonnabend

9. Dezember

2. PROGRAMM

13.45 Programmvorschau Ⓕ
14.15 Cordialmente dall'Italia
14.58 Kurznachrichten Ⓕ
15.00 Kinder-Kunst-Kabinett Ⓕ
15.30 Kinder sehen Afrika (1) Ⓕ
Eine Ferienreise
15.55 Der erste Ausflug Ⓕ
16.15 Urlaub nach Maß Ⓕ
anschl.
Aktuelle Reisetips
17.05 Nachrichten – Wetter Ⓕ
17.15 Länderspiegel Ⓕ
Informationen und Meinungen aus der Bundesrepublik
17.45 Daktari Ⓕ
Elefantendiebe
18.45 DISCO '72 Ⓕ
19.45 HEUTE – Wetter Ⓕ
20.15 San Francisco
Amerikan. Spielfilm von 1936

Überglücklich schließt Norton (Clark Gable) seine Mary (Jeanette MacDonald) in die Arme. Nach tagelangem Suchen konnte er sie wohlbehütet im Zeltlager der Geretteten der schweren Erdbebenkatastrophe wiederfinden.

anschl. **Kurznachrichten**
22.00 Das aktuelle Sport-Studio Ⓕ
23.15 Nachrichten – Wetter Ⓕ
23.20 Auf neutralem Boden Ⓕ
Fernsehfilm

Sonntag

10. Dezember

1. PROGRAMM

I./II. Vormittagsprogramm: 9.15 Tagesschau / 9.20 Hirten, Krieger, Revolutionäre

10.15 Programmvorschau Ⓕ
10.45 ARD-Ratgeber: Gesundheit Ⓕ
11.30 Das feuerrote Spielmobil Ⓕ
12.00 Der Internat. Frühschoppen Ⓕ
12.45 Wochenspiegel Ⓕ
13.15 Kunst für Kinder Ⓕ
13.45 Ein Platz an der Sonne für jung und alt Ⓕ
Bekanntgabe d. Hauptgewinner
dazwischen gegen 17.10:
Verleihung des Nobelpreises für Literatur an Heinrich Böll
18.15 Die Sportschau Ⓕ
19.30 Weltspiegel Ⓕ
20.00 Tagesschau – Wetter Ⓕ
20.15 Adventslieder Ⓕ
20.20 Tatort Ⓕ
Kennwort: Gute Reise
21.35 Heinrich Böll
Der Schriftsteller und die Öffentlichkeit Ⓕ
Sendung zur Verleihung des Nobelpreises für Literatur 1972
22.20 Tagesschau – Wetter Ⓕ
22.25 Ski-Rendezvous in Gröden Ⓕ
Film

Ernsthafte Konkurrenten von Ernie, Bert und Krümelmonster waren die Cartwrights von der Poderosa

zur Schule und durften schließlich schon „Bonanza" gucken – manchmal. Das war schon was, wenn die vier Cartwrights von der Ponderosa-Ranch durch die brennende Landkarte ritten ... Wir kannten bereits weite Teile des ABC und bei Graf Zahl konnten wir locker mithalten und die kleineren Geschwister beeindrucken. Wenn Gordon (der mit den Afro-Locken, übrigens der erste echte Farbige, den wir jenseits der Heiligen Drei Könige kennen lernten) und Bob (der mit dem Scheitel) in amerikanischen Hinterhöfen mit Kindern ernsthafte Gespräche führten und mit viel Geduld zwischenmenschliche Probleme lösten, war das einfach klasse. Das Beste dabei war natürlich der

Samstags „Daktari" und „Disco", sonntags „Das feuerrote Spielmobil" und „Der Internationale Frühschoppen"

Sesamstraße vereint kleine und große Kinder vor der Mattscheibe

griesgrämige Oskar, der aus seiner Mülltonne heraus für Stimmung sorgte. Von dem schlechten Einfluss, den das abfallliebende Fellmonster angeblich auf uns ausüben sollte, weil es Lieder wie „Ich mag Müll" sang, merkten wir natürlich nichts. Als 1978 die Zeit der synchronisierten Fassung des amerikanischen Originals vorbei war, musste Oskar seinen Hut nehmen und dem Langweiler Rumpel Platz machen. Auch der Riesenvogel Bibo wurde entlassen, dessen Posten ein sprechender Flokati-Bär namens Samson bekam. Der brachte auch diese besserwisserische Vogeldame Tiffi mit, deren Hobby es war, Wecker zu reparieren ... Inzwischen wird sogar gemunkelt, dass das Krümelmonster demnächst auch in Deutschland auf Diät gesetzt wird und nur noch Obst und Gemüse vertilgen darf. Na toll! Aber auch in den frühen 70er Jahren spiegelte sich der Zeitgeist im Kinderfernsehen. So wurde die Serie in Bayern nicht gezeigt, weil sie nicht der sozialen Situation in Deutschland entspräche! Bezeichnungen wie „Elend der Negerslums" sorgten damals für Schlagzeilen.

Das sich die Sesamstraße dennoch zur erfolgreichsten deutschsprachigen Kinderserie entwickelte, lag natürlich daran, dass wir was lernen sollten und wollten – und an Ernie und Bert. Der Unbeschwerte und der Überkorrekte, beide Pulloverträger aus Leidenschaft, sind bekannter als Michael Jackson und haben in über 120 Ländern ihren festen Sendeplatz. Inzwischen leben die beiden Freunde seit über 30 Jahren zusammen. Sozusagen die erste Männer-WG, die wir kennen lernten. Ihre Hobbys, Kronkorken sammeln und Baden mit Quietscheenten, waren kein Geheimnis. Doch darüber, was sich hinter den Schlafzimmertüren abspielte, wenn die Kamera nicht dabei war, gärten die Gerüchte bis in die Gegenwart. In einem Interview zum 30-sten Jubiläum klärte Bert schließlich auf: „Wir sind Puppen ohne Unterleib!" – Womit auch das geklärt wäre.

Dann war da noch Kermit, der uns später als Moderator durch die Muppet-Show führte und sogar Kinokarriere machte. Der war grün, ganz klar. Doch in einer Zeit, in der Fernbedienungen noch unbekannt und Farbfernseher eher selten waren, gab es die ein oder andere Farb-Überraschung. Nicht jeder von uns wusste sofort, dass Oscar im zarten Grün, Krümel, Lulatsch und der hyperhektische Nah-und-Fern-Erklärer Grobi hingegen in blauen Fellschattierungen auftraten – das sorgte für viel Gesprächsstoff auf dem Schulhof. Und wer konnte am besten den dubiosen Schlemhil nachmachen, der immer Buchstaben und Ziffern verkaufte? „He Du!" – „Wer, ich?" – „Psssst, genauuu!"

Wer nicht fragt bleibt dumm

„Der, die das,
wer, wie, was?
Wieso, weshalb, warum?
Wer nicht fragt bleibt dumm.
Tausend tolle Sachen,
gibt es überall zu sehn.
Manchmal muss man fragen,
um sie zu versteh'n.
Der, die, das,
wer, wie, was?
Wieso, weshalb, warum?
Wer nicht fragt bleibt dumm."

Aus Käfer wird Golf

1974 erhielt das mobile Wahrzeichen des deutschen Wirtschaftswunders moderne Konkurrenz. Der VW Käfer wurde in Deutschland zwar noch bis 1978 produziert, hatte jedoch seine Zeit überlebt. Die Autos sollten, der neuen Zeit entsprechend, sportlich und jugendlich sein. Aus dem Käfer wurde der Golf, der mit seinen knalligen Farben zum Inbegriff einer dynamischen Generation wurde.

Das mit der Klingel

Es war natürlich verboten, aber unser Heimweg von der Schule ließ sich einfach wunderbar mit kleinen Mutproben interessant gestalten. An die fremde Haustür geschlichen, alle Türklingelknöpfe gedrückt, um dann hurtig das Weite zu suchen. Ein Spiel, das wohl überall verbreitet war und je nach Region anders bezeichnet wurde und wird: Klingelmännchen, Schellekloppen, Pingeljagd, Mäusepingeln, Klingeljagd, Schellenmänneken, Klingelbutz, Glockenputzen, Klingelpost, Mäusejagd, Klingelzug, Klingelstreich usw.

Wenn tatsächlich ein Bewohner die Tür öffnete und verdutzt hinausschaute, konnten wir uns in unserem Versteck vor Lachen kaum einkriegen. Dann war der Tag gerettet und weitere Streiche wurden ausbaldowert. Doch wehe wir waren nicht schnell genug – die Nachbarn erkannten uns schon am Schulranzen. Stubenarrest war bei Regen nicht weiter schlimm, dann konnte man in aller Ruhe die Daktari-Abenteuer nachspielen und

Auch nicht spurlos älter geworden, der Lieblingsteddy von einst

Radikalenerlass

Die Angst vor den Kommunisten ging um in Deutschland. Am 28. Januar 1972 erließen die Länderchefs daher die „Grundsätze zur Frage der verfassungsfeindlichen Kräfte im öffentlichen Dienst", der als „Radikalenerlass" oder „Extremistenbeschluss" Bekanntheit erlangte. Sämtliche Beamte, Angestellte, Arbeiter und Bewerber für den öffentlichen Dienst sollten auf ihre politische Gesinnung überprüft werden. Ein Bruch der Verfassungstreue verwehrte bei etwa 10 000 Personen den Eintritt in den öffentlichen Dienst und führte zu 130 Entlassungen. Der Beschluss stand als demokratiefeindlich europaweit in der Kritik. Auch Bundeskanzler Willy Brandt bezeichnete ihn später als einen schweren Fehler seiner Regierung.

endlich alle Stofftiere impfen. Die nadellose Spritze vom letzten Arztbesuch, ein wenig Tinte in Wasser vermischt und schon ging es auf die Pirsch. Zwar sollten sich einige der Plüschopfer niemals von den blauen Punkten erholen, aber wir wurden ja auch nicht gefragt, wenn die Knie aufgeschürft waren und der Riese im weißen Kittel die Ampulle aufzog. Wenn alle anderen im Feibad waren, dann war Stubenarrest ein wirkliches Druckmittel – da versprachen wir, alles nie wieder zu machen, mit Indianerehrenwort. Sich persönlich bei den genervten Nachbarn entschuldigen müssen oder gar Fernsehverbot, das war einfach nur gemein. Aber eigentlich waren wir ja immer die bravsten ...

Paula und der gestreifte Land-Rover

Daktari lief nach dem Länderspiegel, immer samstags, immer dann, wenn Vater die Sportschau sehen wollte. Da konnten die Interessen schon mal kollidieren. Vor allem in jenen Jahren, als auf einmal alle Welt in weißen Turnhosen und kurzen Röcken über rote Plätze turnte. Jede Übertragung musste gesehen und analysiert werden. Der Schwede Björn Borg hatte natürlich das Zeug zum Star. Groß, blond, lange Haare, so gewann er fünf Mal in Folge (1976–1980) das Tennisturnier in Wimbeldon. Wimbeldon, dieser Name eines Londoner Stadtteils war plötzlich in aller Munde. Jeder wollte nun gelbe Bälle über ein Netz schlagen und gut dabei aussehen. Schweißbänder an Armen

Zwischen Mini und Maxi:
der Modegeschmack 1972

und Stirn waren dazu unerlässlich, auch wenn der Großteil des Sports auf der Terrasse des Vereinsheims stattfand. Matchball, Vorteil, Tie-Break ...: Ganz locker wurde dort mit den Fachbegriffen der Sportmoderatoren um sich geworfen. Gleichzeitig konnte aber nie jemand erklären, warum die Tennisleute nach einem französischen Wettsystem aus dem 14. Jahrhundert (0, 15, 30, 40) zählen und nicht 1, 2, 3?

Wenn das samstägliche Platz-Tunier einmal länger dauerte, dann konnte man Glück haben und sich gemütlich mit einem Becher Kaba-Milch dem aktiven Umweltschutz in der afrikanischen Buschstation „Wameru" widmen. Dr. Marsh Tracy war natürlich der Held. Seine wunderschöne Tochter Paula natürlich auch. Jack, Mike und manchmal Constable Hedley wurden ebenfalls beneidet, vor allem, wenn sie wieder einmal mit dem Zebra-Geländewagen durch die Steppe donnerten. Na, und wer kennt sie nicht: Clarence, den schielende Löwen und seine Schimpansenfreundin Judy?

Manch ein 66iger, dem die Tierarztlaufbahn samt Job in Afrika trotz Plüschtier-Impf-Praktikum nicht vergönnt war, soll, so hört man, noch heute ein Modell des legendären Land-Rovers im Regal stehen haben. Beeinflusst vom Fernsehen – wir doch nicht.

Einstürzende Berge beim „Rumble in the Jungle"

Der „Kampf im Dschungel" fand am 30. Oktober 1974 statt. In Kinshasa/Zaire, der heutigen Demokratischen Republik Kongo, trafen die Giganten der Boxwelt aufeinander. Auf der einen Seite stand der Hüne George Foreman, damaliger Weltmeister im Schwergewicht und unangefochtener Favorit gegen seinen etwas älteren Herausforderer. Auf der anderen Seite stand der damals 32-jährige Ex-Weltmeister Muhammad Ali. Mit gewohnt großspurigen Tönen hatte er einmal mehr das Ergebnis vorhergesagt: „Nicht nur George Foreman wird fallen, Berge werden einstürzen." Tatsächlich gelang ihm, was zuvor nur einmal geschah, und er gewann mit dem Kampf seinen Weltmeistertitel zurück – durch K.O. in der achten Runde. Ali, der seinen „Sklavennamen" – wie er ihn nannte – Cassius Marcellus Clay abgelegt hatte, galt vielen schon damals als einer der herausragendsten Athleten der Welt.

Der Hit für den echten Fußballfan: eine WM-Jacke von 1974

Fußball war unser Leben

Zumindest im Sommer 1974. Am Sonntag, dem 7. Juli war es dann so weit: Völkerwanderung in der Nachbarschaft. Mit auf Salzstangen gespießten Käsewürfeln, Sekt und Likör bewaffnet versammelte sich Groß und Klein zum aufregendsten Ereignis des Jahres, dem Finale der Fußballweltmeisterschaft in Deutschland. Da die Spiele erstmals in Farbe gezeigt wurden, aber noch nicht jeder Haushalt über ein taugliches Gerät verfügte, verbrachte man in diesem Jahr viel Zeit in nachbarschaftlicher Gemeinschaft. Mit etwa acht Jahren spürten wir, dass man Teil eines Ganzen war, das irgendwie mit Grenzen zu tun hatte und weit über die Nachbarschaft, die Schulklasse und sogar über die Tante, die ganz weit weg wohnte, hinausging. Der Sommer war ganz schön verregnet, und so saßen wir regelmäßig mit der ganzen Familie vor dem Fernsehgerät, um *unsere* Nationalmannschaft anzufeuern. Jetzt standen *wir* im Endspiel. Das Traumfinale Deutschland gegen die Niederlande begann, „Kaiser" gegen „König", Beckenbauer gegen Cruyff. In dichter Traube drängten wir um den bunt flimmernden Kasten aus Eichenimititat. Die Eltern versanken in den Landschaften der Wohnzimmergarnituren, wir Kinder auf den flauschigen Teppichböden davor.

Die Fußballweltmeisterschafts-Klebebilder-Sammelmappe auf den Knien mampften wir Erdnussflips und tranken knallbuntes Tri-Trop. In den Gläsern steckte zur Feier des Tages sogar ein Strohhalm. Die Klebegalerie wies vielfach noch schmerzliche Lücken auf, die sich nur durch gewagten Tauschhandel füllen ließen: 2 x Sepp Meier plus die Sturmspitzen der Argentinier gegen 1x Rainer Bonhof war das Gebot. Manchmal hatte man Glück. Die Glasuntersetzer sind verteilt, die Prognosen mitgeteilt – wir waren startklar. Außerdem war die WM besser als Erdkundeunterricht. Wer konnte schon ahnen, dass es auf der Welt 96 Fußball spielende Nationen gab? Fremd klingende Namen, exotische Länder, darin waren wir gut. Zumindest die 16 Staaten aus der damaligen Endrunde kannten wir am Ende genau. Was das Ganze mit dem Kalten Krieg und den schwierigen Ost-West-Beziehungen zu tun hatte, ahnten wir nicht. Am 22. Juni hatte Jürgen Sparwasser in einem Vorrundenspiel Berti Vogts, Horst-Dieter Höttges und schließlich Sepp Meier im Regen stehen gelassen und die Mannschaft der DDR zum 1:0-Sieg geschossen. David hatte Goliath besiegt, hieß es. Wirre Worte wie „Klassenfeind" und „deutsch-deutsches Bruderduell" machten die Runde. Zwei Mannschaften, beide hießen Deutschland, und doch aus verschiedenen Ländern – wer mochte das verstehen? Die Aufregung war groß, die deutsche Fußballpleite schien perfekt.

Doch jetzt stand die deutsche Elf im Endspiel. Man solle nicht zu große Erwartungen hegen, hatte der seriös, aber freundlich aussehende Mann gesagt, der seit einer Woche Bundespräsident war (Walter Scheel). Dennoch saß der Schreck tief, als *wir* nach 100 Sekunden das erste Tor kassierten – Foulelfmeter wegen einer Schwalbe. Dann lässt sich Hölzenbein in Minute 25 im gegnerischen Strafraum fallen. Elfmeter für *uns*. Paul Breitner taucht auf, legt den Ball zurecht, läuft an, täuscht an, Tor. Jubel, Trubel, Hoffnung, die Gerd Müller noch vor der Pause (Minute 43) mit einem weiteren Treffer erfüllt. Deutschland gewinnt 2:1 und wird zum zweiten Mal Weltmeister. Die Bilder von der Mannschaft, die den neuen Pokal überreicht bekommt, sind unvergessen. Viele der Spieler von damals haben uns bis heute in Werbung und Television begleitet. Doch niemals waren sie uns so sympathisch wie an jenem Sonntag, als sie mit langen Haaren und schmutzigen Trikots für *uns* gewonnen haben. Und das Lied, das die deutsche Nationalmannschaft erstmals sang, trällerten wir lauthals mit: „Fußball ist unser Leben". Schade, das Bild von Rainer Bonhof fehlt noch immer.

„Fußball ist unser Leben"

Aufstellung Deutschland:

Sepp Meier
Berti Vogts
Paul Breitner
Georg Schwarzenbeck
Franz Beckenbauer
Rainer Bonhof
Ulrich Hoeneß
Wolfgang Overath
Jürgen Grabowski
Gerd Müller
Bernd Hölzenbein
Trainer: Helmut Schön

Echte Westernhelden beim Kinderkarneval

Plastikmänner und die Generation Y

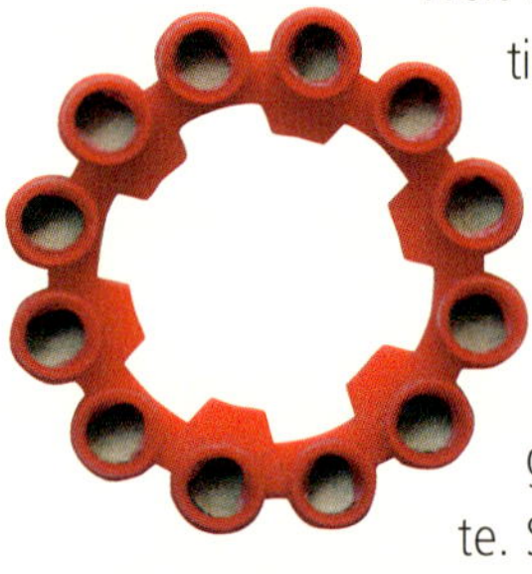

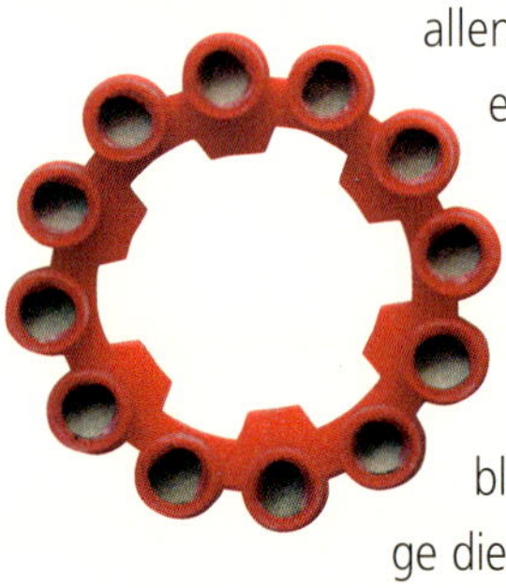

Polizist oder Pirat, Bauarbeiter oder Indianer? Nicht was wir denn einmal werden wollten beschäftigte uns ab 1974, sondern welche Welt wir spielen wollten. Kleine, kantige Plastikfiguren eroberten unsere Spielzimmer, die sich mit Hut, Helm oder Haube schnell verwandeln ließen. Playmobil hieß das Phänomen, das uns das ganze Universum zu Füßen legte. Simpel, strapazierfähig und mit allen erdenklichen Requisiten zu ergänzen war jede Fantasiewelt problemlos zu beleben. Holzbaukästen, Legosteine und das Nopper-Steck-System wurden mit einem Schlag zur bloßen Kulisse degradiert. Einige dieser liebevollen Figuren haben tatsächlich mehrere Spielgenerationen überstanden und sehen nach über 30 Jahren noch immer erstaunlich frisch aus.

Ab Oktober 1975 hatte die Woche für uns einen neuen Höhepunkt: das Yps-Heft war da. Eingetütet und mit einer Bastel- oder Spaßzugabe aus bis zu 30 Einzelteilen eroberte das namengebende karierte Känguru samt Kollegen unsere Herzen. Genau 25 Jahre lang erschien das Wunderheft mit Gimmick, bis dieses letzte Relikt unserer Ahoi-Prickelbrause-Jugend endgültig aus den Zeitschriftenregalen verschwand. Endgültig? Auf der jüngsten Retro-Welle, bei der die Musik und Mode der 70er Jahre kultig wiederbelebt werden, erhielten nicht nur poppige Pril-Blumen eine neue Chance. 30 Jahre nach dem sensationellen Schleuderkatapult aus Heft Nr. 1 kommt Yps wieder. Ob sich die heutigen Kids allerdings mit Dingen, die die Welt schon damals nicht brauchte, vom Computer weglocken lassen, wird sich zeigen. Zumindest wird dem einen oder anderen 66er am Kiosk die Erinnerung an die „Detektiv-Brille mit dem Spion-Spiegel", das Müllsack-Überlebenszelt oder die „lebenden Wunder-Bohnen" einholen. Und natürlich die „echten Urzeitkrebse", die erstmals in Heft Nr. 25 auftauchten. Ob die wohl noch gewachsen wären, wenn man das Glas nicht auf der Heizung stehen gelassen hätte? Doch alsbald, spätestens mit dem ersten Plattenspieler und den spannenden Antworten der „Dr. Sommer-Rubrik" in der Bravo, sollte sich unser Interesse neuen Dingen zuwenden. Aber trotzdem, wie war das noch mit dem U-Boot und dem Backpulver-Antrieb? Und waren die genialen Urzeitkrebse wirklich nur schnödes Fischfutter?

Der Klassiker unter den „Yps-Gimmicks"

Die Energiekrise war uns egal: wir hatten eine eigene Autobahn

Als die Welt still stand

Wie kaum ein anderes Ereignis beeinflusste der am 17. Oktober 1973 begonnene Boykott und enorme Preisanstieg des Erdöls die Gesellschaft der 70er Jahre. Als die Organisation der Erdöl exportierenden Länder (OPEC) im Herbst 1973 den Rohölpreis um 70% erhöhten und gegen die USA ein Embargo verhängten, löste das in Europa ein echtes Chaos aus. Was den OPEC-Staaten einen Geldregen verschuf, sorgte weltweit für Panik: Die Zeit der billigen Energieversorgung war vorbei. In der Bundesrepublik versuchte die Regierung Brandt mit Sonntagsfahrverboten und rigorosen Geschwindigkeitsbegrenzungen die Ölkrise einzudämmen. Am 25. November 1973 fand der erste autofreie Sonntag statt. Hier und da findet sich noch ein „Autofreier Sonntag"-Aufkleber jener Tage, als in Deutschland an vier Sonntagen die Welt still stand und Fahrradfahrer die Autobahnen beherrschten. Das Verbot war in seinem Resultat mehr symbolisch den effizient. Dennoch setzte mit dieser ersten Ölkrise ein gesellschaftliches Umdenken in Bezug auf Umwelt und Energiehaushalt ein. Ein weiterer Aufkleber sollte bald die Heckklappen bundesdeutscher Autos zieren: Ich bin Energiesparer!

Der Vietnamkrieg

Am 30. April 1975 endete mit der Einnahme Saigons durch die kommunistischen nordvietnamesischen Truppen der Vietnamkrieg. Südvietnam kapitulierte und die letzten amerikanischen Soldaten verliessen das Land fluchtartig. Seit dem Rückzug Frankreichs aus Indochina (1954) herrschte in Vietnam ab 1957 ein bürgerkriegsähnlicher Zustand, bei dem sich die südliche Republik Vietnam mit den Vietcong (vom Norden unterstützte „Nationale Befreiungsfront Süd-Vietnams") heftige Kämpfe lieferten. Ein Angriff auf ein US-Kriegsschiff im August 1964 sorgte für die Verstärkung durch reguläre amerikanische Truppen. Der in Vietnam als „Amerikanischer Krieg" bezeichnete Konflikt wurde teils auf grausame und menschenverachtende Weise geführt. Der weitflächige Einsatz von Krebs erregenden Entlaubungsmitteln („Agent Orange") und die Vergiftung der Reisernten („Agent Blue") führten zu extremen Umweltschädigungen.

Nach Schätzungen starben in dem Krieg etwa eine Millionen vietnamesischer Soldaten und Kämpfer sowie vier Millionen Zivilisten. Auf amerikanischer Seite fielen 58 226 Soldaten.

Neues Geld, neues Alter, neue Schule

Am 1. August 1975 war es so weit. Die Bundesregierung hatte die Herstellung einer neuen Fünf-DM-Münze beschlossen. Der schöne, schwere „Heiermann", den wir ab und an von der Tante zugesteckt bekamen, erhielt ein neues Gesicht. Weil das Produktionsmaterial der großen Silbermünze teurer war als ihr Wert, wurde er fortan aus einer Stahllegierung hergestellt. Jetzt mussten wir also unsere Schatztruhen leeren und zur Sparkasse bringen, damit das Geld seinen Wert behielt. Am besten am Weltspartag, da gab es von den Damen am Schalter meist noch ein Geschenk oben drauf. Dass im gleichen Jahr, bereits am 1. Januar, das Alter der Volljährigkeit von 21 auf 18 Jahre gesenkt wurde, interessierte uns kaum. Früher Auto fahren schön, aber wählen dürfen und heiraten können? So oder so, das war noch sooo lange hin.

Viel wichtiger war es, wie sich unsere Eltern in Sachen Schule entschieden. Sollten wir ab dem fünften Schuljahr mit dem Bus zum Gymnasium fahren? Durften wir mit dem besten Kumpel zur örtlichen Haupt- und Realschule radeln? Sollten wir gar die Gesamtschule besuchen, jenen niegel-nagel-neuen Betonblock, der dort auf freier Wiese entstanden war? Es hatte ganz schön Streit um diese neue Schulform gegeben und manche Eltern hatten aus Sorge um unsere zukünftige Bildung sogar mit Plakaten demonstriert – dafür oder dagegen, je nach politischer Motivation. Auf jeden Fall war die Entscheidung unserer Eltern und Lehrer lebensbestimmend. Wer wirklich einmal wie Daktari sein wollte, dem wurde das Gymnasium nahe gelegt. Wer

Der echte, alte „Heiermann"

immer noch darauf bestand Feuerwehrmann zu werden, der besuchte die Realschule. Und wessen Eltern sich noch nicht so sicher waren, der musste sich auf die A-, B-, und C-Kurse der Gesamtschule einstellen. Von vielen Schulfreunden, mit denen wir von der aufregenden Einschulung bis zum gemeinsamen Abschlusssingen für die neuen I-Dötze viel gelernt und noch mehr Unsinn verzapft hatten, mussten wir uns nun verabschieden. Einige traf man in der Jugendfreizeit wieder, andere später, in der Berufsschule oder Oberstufe, und wieder andere sind nur noch eine Erinnerung auf langsam verblassenden Klassenfotos. Aber ihren Weg, den machten die 66er alle, bestimmt.

Alles ist bunt: Comics, Kino, Kirmes

Das 11. bis 14. Lebensjahr

Comics machen doof!

Schnaub! Schepper! Plumps! – Wieder hat es Donald, den berühmtesten Einwohner von Entenhausen, erwischt. Gab es etwas schöneres, als sein knappes Taschengeld für die haarsträubenden Comic-Abenteuer der Duck-Familie auszugeben? Doch wer allzu neugierig war und das Heftchen nicht erst brav nach Hause trug, sondern bereits unter der Schulbank darin blätterte, begab sich in allergrößte Gefahr. Reichte etwa der aufgebaute Bücherstapel oder der aufgesetzte konzentrierte Gesichtsausdruck nicht aus, sein Tun zu verheimlichen, fiel man augenblicklich der Inquisition zum Opfer. Als Hüter des Guten und Schönen zogen die Lehrerinnen und Lehrer mit Argusaugen durch die Bankreihen. Erwischt. „Schwups!" – war man sein Heft los, erhielt – „Zack!" – eine Aufzählung aller bisher nicht mit Bravur gemeisterten Aufgaben und – „Grummel!" – einen Vortrag über Trivialkultur,

Chronik

19. Juni 1976
Der schwedische König Karl XVI. Gustav heiratet die Deutsche Silvia Sommerlath.

10. Juli 1976
Die Dioxin-Katastrophe von Seveso.

1. August 1976
Auf dem Nürburgring verunglückt der Rennfahrer Niki Lauda.

30. Juli 1977
Der Vorstandssprecher der Dresdner Bank Jürgen Ponto wird bei einem Entführungsversuch durch die RAF getötet.

5. September 1977
Ein Kommando der RAF entführt den deutschen Arbeitgeberpräsidenten Hanns Martin Schleyer.

13. – 17. Oktober 1977
Die Lufthansamaschine „Landshut" wird nach Mogadischu entführt und von der deutschen Anti-Terror-Einheit GSG9 befreit.

11. Juli 1978
Auf einem spanischen Campingplatz explodiert ein Flüssiggas-Tankwagen. 216 Menschen sterben und über 300 werden z.T. schwer verletzt.

1. Februar 1979
Nach 15 Jahren kehrt der Ayatollah Khomeini aus dem Exil in den Iran zurück. Zehn Tage später wird die Regierung gestürzt und am 1. April die Islamische Republik Iran ausgerufen.

18. Juni 1979
Jimmy Carter und Leonid Breschnew unterzeichnen die SALT II-Verträge.

4. November 1979
In der amerikanischen Botschaft in Teheran kommt es zu einer Geiselnahme, mit der die Auslieferung des Schahs an den Iran erzwungen werden soll.

27. Dezember 1979
Sowjetische Truppen beginnen mit der Invasion in Afghanistan.

Von uns geliebt, von den Eltern verachtet: Comics

Jugendverdummung und den Verlust „echter" Literatur. Ja, Eltern und Lehrer hatten es nicht einfach, uns von jenen ruchlosen Heftchen fern zu halten, die so ganz ohne Syntax auskamen. Verben ohne Endungen, das war alles andere als pädagogisch wertvoll. „Erschreck!" – und darüber hinaus, machten die Heftchen noch Werbung für riesige „hubba bubba"-Kaugummis und „Super Sheriff-Tinten-Entferner". Wohin sollte das bloß führen?

Ob die Reaktionen ebenfalls so allergisch ausgefallen wären, wenn sie gewusst hätten, dass eine promovierte Kunsthistorikerin dieses ausdrucksstarke Sprachphänomen erfunden hat?

Jugendromane mit den Abenteuern des Cowboyjungen Danny oder Geheimagent Lennart eroberten unsere Zimmer

Für unsere Generation war der schlechte Ruf der Comics jedenfalls nicht so einfach zu verstehen. Knatschbunte Plastiklampen waren erlaubt, schillernde Kunststoffhemden waren in und die grellen Kreise und Wellen der Mustertapeten schmückten selbst die heiligsten Wohnzimmer – aber unsere bunten Hefte, die waren nicht gerne gesehen. Nur bei den beiden Galliern, die mit „Kracks!" und „Kawumm!" römische Legionäre verhauen, da drückte man ein Auge zu, weil man dort unter anderem erfahren konnte, wer Cäsar war – und, dass Barden schlechte Musik machen.

Erst als Comicserien wie die Peanuts oder Garfield sogar in den Tageszeitungen erschienen – wegen ihrer philosophischen Dimensionen natürlich – begann die Rehabilitation des Comics und seiner Leser.

So fanden „Asterix und Obelix", „Tim und Struppi" und „Lucky Luke" schließlich doch noch den Weg ins Bücherregal. „Supermann", „Spiderman" und „Batman" avancierten neben den zahllosen anderen Science-Fiction-Figuren sogar zu wahren Sammlerikonen. Doch die meisten Helden, deren Abenteuer man des Abends unter der Bettdecke verschlang, landeten über kurz oder lang auf dem Dachboden. Viele von ihnen waren unerbittliche Feinde aller roten und weißen Schurken. „Sie kämpfen für Dich", stand dort in großen Buchstaben: Andy Cayoon mit seiner treuen Colliehündin Bessy; Silberpfeil, der junge Häuptling; Reno Kid und Häuptling Arpaho; Buffalo Bill, der Held des Wilden Westens ... Sage und schreibe 70 verschiedene Comictitel kämpften damals um unsere Gunst und unser Taschengeld. Verstaubt, lange vergessen, aber Gott sei Dank nicht weggeworfen, erinnert sich noch so manch ein 66er beim Durchblättern der frühen Jugendschätze an jene heimlich heimeligen Schmökerstunden, die unsere Mütter häufig erst mit dem dritten, dann betont strengen Gute-Nacht-Wunsch beenden konnten – „Seufz!".

Farbenwahn und Musterchaos

Auweia, alle schauen in die Röhre

Das Fernsehen war unser Medium. Pünktlich um 18:20 Uhr fielen wir regelmäßig vom Stuhl, wenn Fuzzy Jones die Mattscheibe von innen zerschoss und Zorro die Bühne betrat: Western von gestern war ein fester Termin. Ähnliches geschah später bei den „Vätern der Klamotte" oder den „Männern ohne Nerven". Wir haben sie noch genau vor Augen: Buster Keaton, der an einem riesigen Uhrzeiger hängt, Stan und Olli (die nur in Deutschland Dick und Doof heißen) als Klavier- oder Eisblocklieferanten und die vielen anderen Schwarz-weiß-Komiker, deren abenteuerliche Stürze, Tortenschlachten und Spagetti-Duschen uns faszinierten.

Die Rate- und Spielshows wie „Dalli-Dalli" (ab 1971) waren echte Familiensendungen, die wir mit unseren Eltern schauten. Gemeinsames Raten und „Sie-sind-der-Meinung-das-war-Spitze"-Rufen gehörte zum wöchentlichen Fernsehritual. Um Punkt 21 Uhr – Oscar war mit seinen Zeichnungen fertig, Dalli-Klick war gelöst und die Jury („Zwei Punkte müssen wir abziehen, die waren doppelt.") hatte den Sieger ermittelt – war Schluss und wir mussten ins Bett.

In den Jahren 1976, 1977 rollte dann eine regelrechte Serienflut auf die deutschen Fernsehzuschauer und alle Zehnjährigen zu. Nach „Robbi, Tobbi und das Fliewatüt" (ab 1972) und den starken Männern aus dem Wikingerdorf Flake, wo Wickie mit seinem Freund Snorre seit 1974 agierte, wollten wir nun die „richtigen" Serien sehen, die nicht im Nachmittagsprogramm liefen.

„Hier Jim Rockford. Bitte Ihren Namen, Rufnummer und Ihre Nachricht. Ich rufe zurück." Detektivserien wie „Detektivbüro Rockford", „Mit Schirm, Charme und Melone" oder „Petrocelli" (alle 1976) standen ganz oben in unserer Gunst, denn Rockfords Pontiac Firebird war fast so gut wie Daktaris Land Rover. Sonntags war es dann Zeit für die etwas sanfteren Abenteuer der Familie Ingalls, die mit ihren drei Töchtern „Unsere kleine Farm" (insg.

210 Folgen!) bewohnten. Es war die Zeit, als sich Weihnachten nicht nur durch dicke Versandhauskataloge, sondern auch mit dem „Weihnachts-Vierteiler" ankündigte. Wie gebannt verfolgten wir die Verfilmungen von „Der Kurier des Zaren" oder „Der Seewolf". Auch die Weihnachtsfeiertage 1977 standen ganz im Zeichen des Fernsehprogramms. Welcher 66er erinnert sich noch an die Geschenke, die er als Elfjähriger bekam? Aber an Onkel Heini, den Postboten, der uns an Heiligabend erstmals „Neues aus Uhlenbusch" präsentierte, erinnert sich wohl jeder. Und am nächsten Tag fand die Premiere der „Vorstadtkrokodile" statt, wo „Rennfahrer Kurt" die Mutprobe bestand und am Ende das Abzeichen der Krokodiler erhielt. Eine echte Bande mit einem richtigen Baumhaus, das wäre schon was. Die kultige Filmmusik von Supertramp, Deep Purple oder Rainbow verfehlte seine Wirkung auch bei uns nicht. Doch viel besser merken konnten wir uns: „Für Gockel Konstantin hat fliegen keinen Sinn, er muss am Boden bleiben und uns die Zeit vertreiben. Au weia, au weia, der Hahn legt keine Eier ..."

Voll daneben:

Aus dem Jahr 1977 stammt auch die wohl gröbste Fehleinschätzung bezüglich der sich entwickelnden Datenverarbeitung. Sie stammt von dem amerikanischen Ingenieur Ken Olsen, der verlautbaren ließ: „Es gibt keinen einzigen Grund, warum irgendjemand einen Computer bei sich zu Hause haben sollte."

Jugendcamp oder Campingjugend

Wir nannten uns „Die blauen Dragoner" und waren natürlich die beste Jugendgruppe weit und breit. Die anderen nannten sich „Die Tramps", „Die Peanuts" oder „Die Hottentotten", und wir alle kannten die kleine „Mundorgel" auswendig.

Welch ein Trubel, wenn sich in den Sommerferien mehrere Busse mit Jugendlichen zur Ferienfreizeit aufmachten. Fast zwei Wochen lang weit weg von zu Hause. Untergebracht in ehemaligen Kuhställen, die findige Bauern zu riesigen Schlafräumen umfunktioniert hatten, wurde jede Nacht zu einem Abenteuer. Der Lagerordnung zum Trotz nach der Gute-Nacht-Geschichte durch die Gänge schleichen und andere mit der Funzel erschrecken – Ehrensache, schließlich hatten wir alle Tricks von Old Shatterhand persönlich gelernt. Wer sich von der Nachtwache erwischen ließ, dem drohte die Gelbe Karte oder Schlimmeres: z.B. „Pottdienst". Das Schrubben der Gemeinschaftstoiletten war gemeiner als es jede Gefangennahme durch feindliche Sioux nur sein konnte. Die stellten einen höchstens an den Marterpfahl und machten sich nicht noch lustig. Doch nach dem ganzen Laufen, Spielen und Singen in frischer Meerluft war die Müdigkeit meist überwältigend.

Wer nicht von Heimweh geplagt war, den beschäftigte im Jugendcamp nur noch der aktuelle Stand der Fuß- und Völkerball-Lagermeisterschaft, die Tricks für die Schnitzeljagd und der allmorgendliche Bettenappell. Und die Königsklasse aller Herausforderungen war der Wettbewerb im Sandburgenbau. Den ganzen

Fern von Kino, Fernsehen und Comicheften waren die Jugendfreizeiten die Highlights jener Jahre

Tag lang wurde der feine Nordseesand in wehrhafte Burgform gebracht, mit Muscheln dramatisch dekoriert und durch gewagte Eisstiel-Architektur aufgemotzt. Als Lohn winkte, neben jeder Menge Spaß und dem ausgewachsenen Sonnenbrand, eine Treckerfahrt zum Leuchtturm. Wenn dann das Gruppenfoto geknipst und der „Bunte Abend" à la „Rudi-Carrel-Show" gelaufen war, stand schon allzu bald die Heimfahrt an. Mit vielen neuen Freunden wurde nochmals das gesamte Liedgut zum Besten gegeben, in heller Vorfreude auf das nächste Jahr. Wer wollte da schon tauschen, mit denen, die mit ihren Eltern in irgendeinem Hotel Urlaub machen mussten?

Ein akzeptabler Gegenvorschlag zur Jugendfreizeit war ein Campingurlaub im Hauszelt. Doch wenn sich die Karawane der bis zum Bersten gefüllten Familienautos Richtung Campingplätze aufmachte, war das alles andere als lustig. Vor allem, weil anstatt der überlebenswichtigen Spielutensilien die blöde Kühlbox und all die wackeligen Klappstühle Platz finden mussten. Wenn das Zelt erst mal stand, wenn also alle Stangen, Schnüre und Haken endlich bereit waren die schweren Tuche in annehmbare Form zu halten, wenn die Luftmatratzen aufgepustet, der Gaskocher angeschlossen und alle Nachbarn begrüßt waren, dann durften wir losziehen. Während die Väter nach alter Landsermanier Entwässerungsgräben zogen und die Mütter die sanitären Anlagen überprüften, testeten wir vorsichtig die Spielqualität der Altersgenossen. Spielzeug von zu Hause brauchten wir dann nicht mehr. Überall waren andere Kinder, mit denen wir bei Wind und Wetter die Umgebung erforschen konnten. Schlechtes Wetter gab es nicht, dafür hatten wir ja schließlich Gummistiefel und Friesennerze. Und wie solche Abenteuerexpeditionen zusammenschweißen, zeigte sich spätestens

Familien-Camping: ein echtes Abenteuer

an den gesammelten Adressen, an die man ganz bestimmt schreiben wollte. Denn wer daheim hatte schon Brieffreunde in Hannover oder Bottrop? Einer kam sogar aus Nürnberg. Und wer kennt schon Osnabrück? Wenn des Abends nicht gerade ein Grillfest gegeben wurde, bei dem unsere Eltern sich gegenseitig ihre romanreifen Campingerlebnisse vortrugen, dann ging es zur Promenade. Irgendwo gab es immer eine Promenade. Dort konnte das Mitbringsel für die Großeltern besorgt werden, die Postkarten für alle Tanten, das Holzschiff für den Küchenschrank, vielleicht ein Drachen, der wie ein Adler aussieht ... Das Gute an Promenaden war, dass es dort immer nach Eis und Pommes duftete. Falls weder Grillfest noch Zeltküche anstand, dann gab es – „aber nur, weil wir im Urlaub sind" – Pommes und Eis. Als Erinnerung an den Urlaub kamen regelmäßig zum Winter irgendwelche Socken zum Vorschein, die man Platz sparend in den Ersatzreifen gestopft hatte. Spätestens jetzt war es Zeit zu schreiben, aber man traf sich ja sowieso wieder: nächsten Sommer, in der zweiten Zeltreihe hinter dem Kiosk.

Das Dreipäpstejahr 1978

Nachdem Papst Paul VI. verstorben war, fiel die Wahl des Konklave am 26. August 1978 nach kurzer Beratung auf Albino Luciani, der sich den Namen Johannes Paul I. aussuchte (der erste Papst mit einem Doppelnamen). Als „der lächelnde Papst", der zudem auf Reformen hoffen ließ, gewann er auch die Sympathie vieler Nicht-Katholiken. Nach nur 33-tägiger Amtszeit verstarb er plötzlich. Da der Vatikan einer Obduktion nicht zustimmte, kursierten bald eine Menge kurioser Verschwörungstheorien, in denen von der Vatikan-Bank und der Mafia, von Vergiftung und Korruption die Rede war. Am 16. Oktober 1978 übernahm der Pole Karol Wojtila als Papst Johannes Paul II. das höchste christliche Amt auf Erden.

In die heiße Mangel genommen

Das mit „in die Mangel nehmen", das kannten wir. Klar, vom Schulhof. Und von der kleinen Räubertruppe, mit der wir durch die Gärten der Nachbarschaft stromerten. Doch die wahre Mangel war eine heiße, befand sich immer in einem gekachelten Raum im Tiefpaterre. So ein Raum, wo in amerikanischen Krimis immer Hunderte von Chinesen arbeiten, nur kleiner, der zog regelmäßig alle Mütter aus der Umgebung an. Wer einmal versucht, eine Tischdecke mit dem Bügeleisen zu plätten, der wird sofort einsehen, welche Arbeitserleichterung so eine gute Heißmangel ist. Ja, und manchmal war es sogar spannend. Wenn wir Mutter halfen, den riesigen Wäschekorb mit knitterigen Laken und Decken in den überhitzten Mangelkeller zu wuchten. Und weil Tischdecken als der Ausweis einer guten Hausfrau gehandelt wurden, war der argwöhnische Blick in die anderen Körbe wichtiger Bestandteil des Heißmangelbesuchs. Fatal, wenn da jemand versehentlich eine noch schmutzige Tischdecke abgegeben hatte, auf der nun die qesamte Nachbarschaft den Verlauf der Feier und des Festmahls zu rekonstruieren suchte. Und Frau Sowieso mangelt gar nicht? Was soll man davon halten? Zum Glück war in jedem Korb das jeweils zuoberst liegende Stoffstück mit einem handgeschriebenen Namenszettel bestückt, der mit einer Stecknadel angeheftet wurde – damit es ja zu keiner Verwechslung kommt (bzgl. der Wäsche und der zu behandelnden Informationen).

In der Erinnerung wird das Bild wieder deutlich. Es ist 1977, im Hintergrund trällert Johanna von Koczian „Das bißchen Haushalt" – damals gab's das bisschen noch mit ß – eine Frau im weißen Kittel betätigt die Mangel und es wird nach Herzenslust getratscht. Man kann es förmlich riechen, diese warme Luft, angefüllt mit Aprilfrische und Kuschelweich. Natürlich waren unsere Mütter sparsam und gaben längst nicht alles in die Heißmangel. Unsere Bettwäsche wurde per Hand knitterfrei gezogen. Mutter an das eine, wir an das andere Ende, die Zipfel gepackt und ordentlich gezogen – fertig. Das reichte zwar für uns, war aber bei weitem nicht so informativ und daher langweilig. Ein Jahr später sang Frau von Koczian „Aufstehn ist schon", aber wer will behaupten, dass Schlager die Wahrheit besingen?

Kernschmelze in Harrisburg

Der weltweit erste größere Zwischenfall in einem Kernkraftwerk ereignete sich am 28. März 1979. Auf der Three Mile Island, einer kleinen Flussinsel im US-Staat Pennsylvania, nahe der Stadt Harrisburg, war es in einem Reaktor zu einer teilweisen Kernschmelze gekommen. Durch das unüberlegte Öffnen der Ventile gelangten die hochradioaktiven Gase in die Atmosphäre. Schlechte Ausstattung und unzureichende Ausbildung des Personals wurden schließlich als Gründe für den Unfall angegeben, der einfach zu vermeiden gewesen wäre. Die Atomindustrie spielte den Vorfall zunächst herunter, da eine Untersuchung keine gesundheitlichen Folgeschäden feststellte. Erst eine spätere Nachuntersuchung stellte bei den Anwohnern ein erhöhtes Krebsrisiko fest.

Die wahren Kinohelden unserer Jugend waren Terence Hill und Bud Spencer

Vom Dschungelbuch zum weißen Hai

Als wir uns 1976 über die neuesten Errungenschaften in Fernsehen und Zeitschriftenläden erfreuten, wurde in Hollywood eine Filmmusik mit dem Oscar belohnt, die bis heute Gänsehaut verbreitet. Das langsam anschwellende Daadum-Daadum-Daadum versetzte die gesamte Strand-, Bade- und Surfwelt in Schrecken – „Der weiße Hai" war los. Steven Spielberg, ein junger Regisseur, den damals kaum jemand kannte, hatte mit „Jaws" (Kiefer) einen Klassiker des Horror- und Action-Genres geschaffen. Selbst die Luftmatratzen-Paddler an den deutschen Küsten beschlich auf Grund dieses ersten Hollywood-Blockbusters Angst vor dem Grauen aus der Tiefe. Während der große Plastikfisch weltweit die Badeaufsichten alarmierte, sorgte ein durchgedrehter Taxifahrer in den Großstädten für Aufregung. In „Taxi Driver" spielte Robert De Niro einen abgestumpften Vietnamveteran, der die Stadt vom Abschaum befreien will. Schwer bewaffnet und mit Irokesenschnitt beginnt er seinen Amoklauf. Die Szene, in der er sich selbst vor dem Spiegel herausfordert – „Sprichst Du mich an? Du laberst mich an?" – ist nach wie vor unerreicht.

Beide Filme wurden mehrfach prämiert und gelten als Meilensteine der Filmgeschichte. Doch in dem Jahr, als unser Geburtstag erstmals zwei Ziffern hatte, stand uns der Sinn bei weitem nicht nach solch heftigen Stoffen.

Kino war etwas Besonderes, auf das man sich wochenlang freute. Die ersten Kinoerlebnisse unseres Jahrgangs fanden meist im Beisein der Eltern statt. „Das Dschungelbuch" (1967), „Aristocats" (1970) und „Robin Hood" (1973), der als Fuchs für Gerechtigkeit im Sherwood Forrest sorgte, sind unvergessen.

In den Jahren 1976/1977 durften wir dann zum ersten Mal alleine ins Kino, nachdem unsere Eltern sich mit anderen Eltern abgesprochen hatten, ob deren Kinder das auch dürften. So wurden die Nachmittagsvorstellungen häufig zu einem Gruppenerlebnis. Die große Leinwand, die vielen Sitzreihen mit Plüschsesseln und die geheimnisvolle dämmerige Atmosphäre sorgten stets für Aufregung. Wenn eine Meute Kinder sich mit wildem Geraschel und eifrigem Getuschel darauf vorbereitete, dass der Vorhang sich öffnete, war das meist das Beste am ganzen

Film. Und bevor der Gong uns in den Saal rief, spähten wir natürlich nach den Werbeplakaten für die „richtigen" Kinofilme, in die wir noch nicht durften. Die Gruselplakate à la Kettensägenmassaker (1974) und Hinweise auf wilde Schießereien und Verfolgungsjagden machten neugierig. Andererseits sorgte die Abteilung „Schmuddelfilm", die viel nackte Haut zu ganz später Stunde versprach, regelmäßig für hochrote Köpfe. Zwar hatten engagierte Lehrer längst versucht uns in Sachen Blumen und Bienen aufzuklären, doch wirklich angekommen war nur wenig. Kein Wunder, denn vielfach hatte der Sexualkundeunterricht mehr Ähnlichkeit mit Mathe als mit Menschen. Unsere Eltern waren auch nicht so richtig hilfreich. Wer keine älteren Geschwister oder junge Tanten und Onkel hatte, war in dieser Beziehung meist aufgeschmissen. Irgendwann übernahmen dann „Dr. Sommer" und Co. den Job. Doch bis dahin waren „Karius und Backtus" die besseren Aufklärer. Bei den regelmäßigen Zahnarztbesuchen – um die verhassten Zahnspangen neu einzustellen – brachten die uns wenigstens bei, warum man die Zähne richtig zu putzen hatte. Und eigentlich war das andere Geschlecht ja noch völlig uninteressant – Kino war viel spannender. Vor allem, wenn man in der Schule stolz berichten konnte, dass man schon längst einen Monsterfilm gesehen hatte und mit den Details aus „Godzilla" und „King Kong" nur so prahlte. Aber was war das gegen die legendären Startversuche des Albatros, der sich mit „Bernard und Bianca – Die Mäusepolizei" (1977) in die Lüfte schwang und „Elliott – Das Schmunzelmonster"

Ein künstlicher Fisch lehrte allen das Gruseln

(1977)? Wir fühlten uns zwar schon groß, aber so ein grüner Zeichentrickdrache in der realen Welt, das gefiel uns. Doch schon bald verblasste unsere Gunst zu den liebevoll gezeichneten Figuren. Vor allem die Jungs fanden Gefallen an den Action-Komödien, in denen sich Bud Spencer und Terence Hill lustige Sprüche und amüsante Schlägereien lieferten. Die beidhändigen Mehrfachohrfeigen mit abschließender K.O.-Kopfnuss waren der Hit. Und Jean Paul Belmondo und Burt Raynolds zeigten uns in wahnwitzigen Verfolgungsjagden, dass unsere Matchbox-Fantasien durchaus zu realisieren waren.

Angst vor der Vergangenheit

Als sich das Jahrzehnt mit der sieben dem Ende zuneigte und die 80er schon mit dem Fuß in der Tür standen, wurde unser bisheriges Weltbild noch mal gründlich durcheinander gewirbelt. Vielleicht lag es daran, dass wir mit etwa 14 Jahren nicht mehr nur die neuesten Turnschuhe und BRAVO-Trends im Kopf hatten. Hier und da ein Blick auf die Schlagzeilen der Zeitungen werfen, ein wenig Politikunterricht in der Schule und vor dem Spielfilm am Abend dem Nachrichtenmann Köpke ein paar Minuten zuhören, was so in der Welt passierte – das konnte echt beängstigend sein. Die Welt schien nur noch aus Gefahren, Problemen und Katastrophen zu bestehen. 1979 schien es ausgemacht, dass in Deutschland bald die Lichter ausgehen, dass die Fußballstadien nur von brutalen Hooligans beherrscht werden und jeder Zweite von uns bald dem Drogentod erliegen würde. Und am 22. Januar des Jahres platzte dann auch noch eine Bombe der Betroffenheit. An diesem Tag strahlten die Dritten Programme des Deutschen Fernsehens den ersten von vier Teilen der US-Fernsehserie Holocaust aus. Die Zuschauer waren erschüttert. Fassungslos wurde im Familien- und Freundeskreis, sogar über den Nachbarszaun hinweg, über das Thema Judenverfolgung gesprochen. War es eine Seifenoper oder ein Lehrstück? War dieses Thema fernsehtauglich und überhaupt zumutbar? Das Gespenst der nicht bewältigten NS-Vergangenheit stand plötzlich in den deutschen Wohnzimmern und ließ sich nicht mehr verscheuchen. Unsere Lehrer, Eltern und Großeltern wurden

Szene aus der Serie „Holocaust"

von den Fragen, die wir stellten, völlig überrumpelt. Viele flüchteten sich in theoretische Debatten, die wir nicht verstanden. Ein paar Stunden Gesellschaftskunde, in denen die wichtigsten Namen, Daten und Zahlen genannt wurden, und wir waren mit dem Thema wieder allein. Es war wohl kein Wunder, dass plötzlich überall Hakenkreuze auftauchten. In die Schulbank eingeritzt, auf Toilettentüren geschmiert, Reklameplakate verunzierend. Mit nur wenigen Strichen konnte man der allwissenden Erwachsenenwelt ihre eigenen Fehler und Unzulänglichkeiten vorwerfen. Einige, die damals im Schulflur laut „Sieg heil" riefen, wollten sich besonders hervortun – das waren nur wenige. Die vielen geschmacklosen Witzeleien über den Holocaust gehörten zeitweise gar zum allgemeinen Repertoire auf den Schulhöfen. Unsere peinliche Ahnungslosigkeit wurde wahlweise mit Ignoranz gestraft oder als ein typisch pubertäres Phänomen eingeordnet. Das vierteilige Melodram über die Verfolgung und Ermordung der Juden während der NS-Zeit ging vielen ans Herz, doch es brauchte noch eine ganze Weile, bis das Thema auch die Köpfe erreichte – auch unsere.

Tatort „Musik-Express“

Mit dem Kirmesgeld, das wir obligatorisch von unseren Eltern bekamen, war natürlich kein Staat zu machen. Entweder mussten die Großeltern von finanziellen Zuschüssen überzeugt oder das Sparschwein geschlachtet werden. Denn nur zweimal im Jahr gab es diese besondere Gelegenheit, sich dem anderen Geschlecht völlig unverfänglich zu nähern: bei der Frühjahrs- und der Herbstkirmes. Und das war nicht billig. Tatort war zumeist der „Musik-Express“ oder der „Auto-Scooter“, also da, wo auf alle Fälle die Discomusik jedes tiefere Gespräch im Keim erstickte und nur die Taten zählten. Bewundernd schauten wir den jungen Schaustellern zu, die mit eleganter Leichtigkeit und ohne sich festzuhalten bei voller Fahrt die Fahrchips einsammelten. Da konnte man kaum mithalten. Dafür konnten wir cool rumstehen, darin waren wir echt gut. Mit 14, 15 Jahren hatten wir meist schon den Olymp des Fahrgeschäfts erobert: die nach hinten aufsteigenden Treppen, die mit bunt bemalten Holzwänden weitgehend von der Außenwelt abgetrennt waren. Hier kreisten wie selbstverständlich die Marlboro-, Camel- oder Reval-Schachteln. Ein Mädchen zu einer Fahrt rückwärts einzuladen, fiel in dieser diffusen Disco-Beleuchtung doch sehr viel leichter. Den Rest besorgten dann die Fliehkräfte der rasenden Sitzbänke. Und wer zweimal mit der/demselben fuhr, wähnte sich schon auf den Weg zur großen Liebe. Meist platzten all diese Wunschvorstellungen bereits nach einer Woche, mit dem Abbau der Kirmes. Doch bis dahin konnten wir noch im Auto-Scooter der ganzen Welt zeigen, wie locker wir das Elektrogefährt beherrschten. Rückwärts,

Geschniegelt ging's zum Schützenfest

natürlich ohne die erwürgende Sicherheitsschlaufe anzulegen und bei jeder Karambolage dabei, kreisten wir vor den zuschauenden Mädchengruppen. Wir waren die Helden, aber nicht wenig nervös, wenn tatsächlich ein weibliches Wesen neben uns Platz nahm. Sich mit einem Kirmesbier für die Fast-Genickbrüche zu revanchieren war Ehrensache. Meist ging spätestens dann das Geld bedrohlich zur Neige. Aber bei der nächsten Kirmes, dann würden wir sie viel früher ansprechen, ganz bestimmt. Und Schützenfest war ja auch noch ...

Boat People und Cap Anamur

Die dramatischen Bilder von vietnamesischen Flüchtlingen auf völlig überladenen, seeuntüchtigen Booten sind uns noch vor Augen. Als Spätfolge des Vietnamkrieges hatte sich ab 1979 ein riesiger Flüchtlingsstrom auf den Weg über das Chinesische Meer gewagt, wo zahllose Familien den Stürmen, Piratenüberfällen und dem Hungertod zum Opfer fielen. Der deutsche Journalist Rupert Neudeck initiierte 1979 eine Rettungsaktion, bei der er mit dem Frachtschiff „Cap Anamur“ bis 1986 über 10 000 der so genannten „Boat People“ rettete.

Das Leben wird schwierig

1980–1984

Das 15. bis 18. Lebensjahr

Die Tanzschule

Tanzschule war Pflicht. Vor allem in den etwas kleineren Städten, wo fast jeder jeden kannte, wurden alle 14- bis 15-Jährigen dazu verdonnert, ein Mindestmaß an Etikette von einem Profi zu erlernen. Zuerst wurden noch große Töne gespuckt. Doch nachdem uns Mutter begutachtet und den Kragen zurechtgerückt hatte und wir nun durch den „Großen Saal" einer zentralen Gastronomiestätte wuselten, spätestens dann wurde es komisch. Alle Tische waren verschwunden, rechts und links reihte sich ein Spalier von Stühlen, auf denen wir – streng nach Geschlechtern getrennt – Platz nahmen. Ein „Großer-Saal"-breiter Graben tat sich zwischen den zwei Reihen tuschelnder Jugendlicher auf. Spitze Bemerkungen und neugierige Blicke flogen hin und her. „Hast du die gesehen?", „Wie sieht der denn aus?" ...

Irgendwo im Saal stand meist ein ungeduldig wirkender Mann, dessen Anzug uns an diesen Film mit John Travolta erinnerte. Oder an die Goldene Hochzeit von Oma und Opa, wo irgendein Onkel seine plüschige Garderobe als festlich verteidigt hatte. Dieser hier hantierte an einer riesigen Musikanlage, auf deren Verkleidung in schwungvoller Glitzerschrift „Tanzschule Sowieso" leuchtete. Das war Herr Sowieso, dessen Frau die Tanzschule leitete. Das Erscheinen

Chronik

18. Mai 1980
In den USA bricht der Vulkan Mt. St. Helens aus.

19. Juli 1980
In Moskau werden die Olympischen Sommerspiele eröffnet. Viele Sportnationen reagieren aufgrund der sowjetischen Invasion in Afghanistan mit Boykott.

26. September 1980
13 Menschen sterben bei einem Bombenanschlag auf das Münchener Oktoberfest.

20. Januar 1981
Nach 444 Tagen kommen die 52 US-Geiseln aus der Botschaft in Teheran frei.

28. Februar 1981
100 000 Menschen demonstrieren in Brokdorf gegen den Bau eines Kernkraftwerkes.

29. Juli 1981
Prinz Charles und Lady Diana Spencer heiraten. 750 Mio. Zuschauer in 52 Ländern verfolgen das Ereignis live.

31. Dezember 1981
In den USA werden erste Fälle der mysteriösen Immunschwächekrankheit AIDS diagnostiziert.

11. Juni 1982
In den USA läuft der Spielberg-Streifen „E.T. – der Außerirdische" an und bricht alle Rekorde.

4. April 1983
An den Ostermärschen nehmen über 700 000 Menschen teil.

22. Oktober 1983
Zum Höhepunkt des „heißen Herbst" demonstrieren 1,3 Mio. Menschen für die Abrüstung.

16. Oktober 1984
Laut Waldschadensbericht sind 50% des deutschen Waldes sichtbar erkrankt

3. Dezember 1984
Im indischen Bhopal werden über 3000 Menschen das Opfer einer Giftgasexplosion.

Eins, zwei, drei und tipp

von Frau Sowieso war ein Rauschen, von Stakkato hoher Stöckelschuhe begleitet, das mehr Wirkung zeigte als ein militärischer Trommelwirbel. Schlagartig wurde es still im „Großen Saal". Es folgte die Begrüßung – bei der wir zum ersten Mal in unserem blutjungen Leben gesiezt wurden – und mit sofortigem Ausschluss bei Nichtgehorsam bedroht wurden. Das war eindeutig nicht unsere Welt. Es war der Wunsch unserer Eltern, den zu erfüllen nur als Gruppenerlebnis überlebbar war. Und, weil am Ende der Abtanzball lockte, von dem wir schon legendäre Dinge gehört hatten. Unsere Eltern übrigens auch, weshalb wir schon nach der dritten Stunde holperige Drehungen auf dem Wohnzimmerteppich vorführen mussten und mit Fragen über mögliche Abtanzpartner gelöchert wurden.

„Eins, zwei, drei und tipp, eins, zwei, drei und tipp ..." korrigierten Herr und Frau Sowieso unsere plumpen Schrittfolgen und unterbanden mit strengem Blick jedes „Gehampel". So viele Jungs und Mädchen auf einem Haufen, da kam langsam Spannung auf. Während sich die weiblichen Tänzerinnen durch ihre Schminktöpfe und -tuben arbeiteten, erlagen immer mehr der Möchtegernkavaliere der 8x4-Deo-Reklame oder vergriffen sich an Vaters „Sir Irish Moos", um die Nervosität zu überduften. „Eindieseln" nannten wir das. Auf beiden Seiten des „Großen Saals" versprachen wir uns außerdem wahre Wunder von jenen diversen Präparaten zur Reinigung der Haut, für die in Fernsehen und Zeitschriften geworben wurde. Der mit Watte und dubiosen Wirkstoffen ausgetragene Kampf gegen die Pickel wurde vielfach eine echte Leidensnummer, die letztlich nur mit Abdeckstiften gemildert werden konnte. Der öffentliche Einkauf dieser Kosmetika in der Drogerie war ja schon peinlich ... Noch peinlicher war es, wenn man in der Tanzstunde nicht oder nur zum Schluss aufgefordert wurde – beim Völkerball-Spiel übrig geblieben zu sein, war dagegen gar nichts.

Der Abtanzball kam. Die Show konnte beginnen. Hüben wie drüben hatten wir uns für den Auftritt vorbereiten lassen. Die eine Seite mit ersten Anzügen, Schlips (schmale Strick- oder Lederbinder waren der Renner) und „Tabac-Original"-Duftwolken, die andere Seite mit langen Kleidern, prächtigen Frisuren und Lippenstift. Nachdem die Blumensträuße artig übergeben waren, die ein-zwei-drei-und-tipp-Tänze überstanden und auch die Eltern ohne größere Blessuren wieder am Tisch saßen, begann die Feier. Interessant wurde es später am Abend, als Ehepaar Sowieso und die Eltern sich verabschiedet hatten. Nun ja, so richtig legendär wurde es höchstens in der Erinnerung, aber richtiges Tanzen haben ja auch nur die wenigsten gelernt.

Jeansjacke und Buttons: Markenzeichen der frühen 80er

Zwei Jahre der Gewalt

Als sich der Jahrgang 1966 mit etwa 15 Jahren etwas intensiver um das politische Tagesgeschehen in der Welt zu interessieren begann, beherrschten Attentate und Krieg die Medien: Am 29. März 1981 wurde US-Präsident Ronald Reagan lebensgefährlich verletzt, am 13. Mai 1981 wurde Papst Johannes Paul II. auf dem Petersplatz angeschossen und am 8. Oktober 1981 starb der Ägyptische Staatspräsident Anwar el-Sadat an den Folgen eines Anschlags. Mitte 1982 herrschten in mehreren kleineren Staaten Afrikas, Südamerikas und in Polen bürgerkriegsähnliche Zustände. In Afghanistan führten die sowjetischen Truppen noch immer Krieg, die militärische Auseinandersetzung zwischen Iran und Irak (seit Sept. 1980) erreichte immer neue Höhepunkte, auf den Falklandinseln töteten sich argentinische und britische Soldaten und am 6. Juni 1982 begann der „Blitzkrieg" zwischen Israel und den Palästinensern im Libanon.

Atomkraft? Nein Danke!

Dieser Slogan, der eine lachende, komischerweise rote Sonne umrahmt, wurde zu einem weltweiten Symbol der Anti-Atomkraft-Bewegung. In Deutschland begannen die Anti-AKW-Demonstrationen im Februar 1975, als in Wyhl etwa 200 Menschen einen AKW-Bauplatz besetzten. Kaum eine Woche später waren es 30 000 Atomkraftgegner, die nun die Polizei vertrieben. Einige der größten Demonstrationen der hiesigen Atomkraftgegner fanden im November 1976, Februar 1977 und Januar 1981 (über 100 000 Demonstranten) im norddeutschen Brokdorf statt, wo ein Kernkraftwerk errichtet wurde, das dennoch 1986 ans Netz ging.

Rubiks „Zauberwürfel" fesselte alle

Der Wahnsinn hat sechs Farben

Ob Popper oder Punker, ob Buntfalten- oder Blue-Jeans-Träger, ob Star-Treck-Fan oder Traumschiff-Gucker – 1981 erwischte uns alle die „Würfelitis". Ausgelöst wurde das Fieber von einem ungarischen Bildhauer und Architekten namens Rubik. Der Professor hatte wenige Jahre zuvor aus sechs Farben, acht Ecksteinen, zwölf Kantensteinen und sechs Mittelsteinen ein mechanisches Puzzle entwickelt, das angeblich die Intelligenz fördern sollte – zum Preis einer Menge Nerven.

Alle kannten ihn, die meisten hassten ihn und nur einige konnten ihn: den „Zauberwürfel". Stundenlang drehten wir und drehten wir und drehten wir – und kamen der Lösung kaum näher. Die Farbcodierung zu knacken war echtes Herrschaftswissen, das die Geübten nur ungern teilten, jedoch umso lieber zur Schau stellten. Und dann die Blamage, wenn das ungeliebte Mathegenie aus der ersten Reihe einem die Lösungsstrategie erklären sollte und man wieder nur „Bahnhof" verstand. Rubiks Cube war ein echtes Geduldsspiel. Es dauerte tatsächlich ein ganzes Jahr, bis das verfluchte Ding wieder aus den Klassenzimmern verschwand. Ach ja, der aktuelle Weltrekord zur Lösung eines 3x3x3 Würfels liegt nur knapp über zwölf Sekunden – na dann, viel Spaß!

Aber, wer saß denn bloß damals in der ersten Reihe ...?

Kultkommisar zwischen Kunst und Currywurst

Die Kunstfigur in Kommissargestalt spaltete bereits mit seinem ersten Fall die Nation und erschreckte unsere Eltern. Die Zeitungen titelten am nächsten Tag von „Werft den Prügel-Kommissar aus dem Programm!" bis „Solche Bullen braucht das Land!" Für uns Jugendliche war Schimmi damit der Mann für alle Fälle, und wir brauchten genau so eine Jacke. Zwar fiel auch uns auf, dass seine Klischees häufig ein wenig zu platt waren, dass seine Art etwas zu prollig, dafür sein Ton immer bemerkenswert rotzig war. Und, er war ein notorischer Verlierer! Vielleicht war er für uns gerade deshalb ein Held?

„Mensch, Horst!"

Seinen ersten „Tatort"-Fall löste Götz George alias Kriminalhauptkommissar Horst Schimanski, am 28. Juni 1981 in der ARD. „Duisburg-Ruhrort" lautete der Titel der ersten Folge, der noch 28 weitere, inklusive zweier Kinofilme, folgten. Schimmi, das Raubein mit der manchmal zarten Seele, war von Anfang an Kult und wurde der bundesweit bekannteste Duisburger. Sein Umgang: selbstbewusst mit raffgierigen Kapitalisten und Dosenbier trinkenden Rockern. Seine Kleidung: Cowboystiefel und Allround-Jacke auch im 5-Sterne-Restaurant. Sein Lieblingsessen: Currywurst mit Pommes rot-weiß sowie diverses Hochprozentiges. Sein Revier: Industriebrachen, Hochöfen und Zechen am Rhein. Sein Losungswort: „Scheiße", am liebsten gebrüllt. Als besten Freund und Partner stellte man Schimmi später Eberhart Feik alias Christian Thanner zur Seite, der immer wieder mit „Mensch, Horst!" das Schlimmste zu verhindern suchte.

Der Falklandkrieg

Die Überraschung war perfekt. Am Vormittag des 2. April 1982 hatten argentinische Marineeinheiten den englischen Gouverneur samt seiner zehn Royal Marines in Port Stanley, dem Hauptort der Falklandinseln, überwältigt. Es hatte wohl niemand wirklich daran geglaubt, dass Großbritannien für diesen kargen Fels im 10 000 Kilometer entfernten Südatlantik einen Krieg beginnen würde. Doch es kam anders und der Konflikt fand erst am 14. Juni des Jahres mit der Kapitulation Argentiniens ein Ende. Großbritannien hatte die Inseln zu einem hohen Preis zurückerobert: 255 tote und fast 800 verwundete Soldaten waren zu beklagen, je zwei Zerstörer und Fregatten sowie diverse kleinere Schiffe, Kampfflugzeuge und Hubschrauber verloren. Auf argentinischer Seite wurden 730 Gefallene, über 1000 Verwundete und über 12 000 Gefangene gezählt. Allein 65 Flugzeuge und 34 Hubschrauber waren zerstört. Was damals nur gerüchteweise vermutet wurde, dass die englische Marine auch Atomwaffen mit sich führte, ist inzwischen belegt worden, auch wenn sie sich außerhalb der Hoheitsgewässer befanden.

Idealer Wellenrausch

Ein Blick auf die Liste der Nummer-Eins-Hits des Jahres 1980 sagt alles – es musste etwas passieren. Die Goombay Dance Band nervte mit ihrem Song „Sun Of Jamaica", Peter Kent mit seinem „It's A Real Good Feeling" und dazwischen gaben Boney M., Village People und Peter Maffay ihre Lieder zum Besten. Und immer wieder ABBA, ABBA, ABBA. Nicht zu vergessen Mike Krüger, der mit seiner humoristischen Gesangseinlage „Der Nippel" dem Roland-Kaiser-Schmusesong „Santa Maria" Konkurrenz machte. Unsere Eltern ließen sich Langspielplatten von Roger Whittaker oder James Last schenken und stellten das Küchenradio nur dann ein wenig lauter, wenn dieser bärtige Holländer namens George Baker vom „Morning Sky" sang oder „La Paloma Blanca" intonierte. Es gab kaum Hoffnung. Einen Gegenpol zu den „Kreuzberger Nächten" fand die deutsche Jugend nur bei den Sex Pistols, Clash oder den Talking Heads. Dazwischen war nur Öde, Langeweile und Wiederholung. Ein wenig Udo Lindenberg und die Wir-protestieren-gegen-alles-Band Bots, die uns mit der Frage „Was sollen wir trinken?" zum „Aufstehn" animierte. Auch bei den Erfindern der Luftgitarre wie „Status Quo" gab es nichts Neues. Wir wollten etwas unkonventionelles, etwas eigenes, etwas für uns und unsere Zeit. Und plötzlich war da dieses Lied von einem Außerirdischen, das von einem Schülerchor begleitet unsere Aufmerksamkeit erregte: „Fred vom Jupiter" war gelandet. Auf einmal waren sie da, unsere Lieder: unangepasst, experimentell und mit einem Sound, den unsere Eltern nicht mochten – ohne dass wir gleich zum Null-Bock-Punk mutieren mussten. Wöchentlich gab es neue Entdeckungen auf dem Schallplattenmarkt. Und wessen Taschengeld nicht für die teuren Vinylscheiben beim örtlichen Radiohändler reichte, der verbrachte die Nächte vor dem Radio, um die neuesten Songs möglichst sauber aufzunehmen. „Blaue Augen" von Ideal, „Dreiklangsdimensionen" von Rheingold, „Der Goldene Reiter" von Joachim Witt, „Eisbär" von Grauzone, gefolgt von den Bands Fehlfarben, DAF, Extrabreit, Trio ... Gnadenlos wurden die älteren Audiokassetten mit den einst geliebten Hörspielen überspielt und detailreich beschriftet. Schließlich musste der „Walkman" ausgeführt werden, der 1980/1981 unterm Weihnachtsbaum lag. Bandsalat war echter Horror, inklusive Identitätskrise.

Deutschsprachig und fetzig: die Neue Deutsche Welle

Als im Januar 1982 der Titel „Das Model" von der deutschen Musik-Formation Kraftwerk an die Spitze der englischen Charts stürmte, hatten wir die Hitparade von und mit Dieter Thomas Heck ein für allemal überstanden.

Laut konnte es sein, schrill durfte es sein, aber auf jeden Fall musste es deutschsprachig und fetzig sein. Auf den Plattentellern unserer Jugend drehte sich die kleine Rebellion der Neuen Deutschen Welle, die leider bereits ein Jahr später merklich an Qualität verlor. Angeführt vom „Da, Da, Da" jener schrägen Vögel aus Großenkneten wurde die Welle zu einer Flut aus albernen, häufig frechen, noch häufiger sinnentleerten Liedern. Der Sternenhimmel wurde besungen (Hubert Kah), Tretboote gerieten in Seenot (Frl. Menke), sogar Sommersprossen (UKW) waren einen Song wert. Alle wollten Spaß wie Markus, doch nur wenigen gelang es wie Nena, Falco oder Peter Schilling, auch international Anklang zu finden. Als dann die Gruppe DÖF im Sauseschritt durchs Radio düste und die Liebe mitbrachte, war für viele von uns der Spaß vorbei. Deutscher Gesang war schon in Ordnung, doch nach dem letzten NDW-Quatsch auf Schlagerniveau – den nicht nur Langeweiler, sondern auch unserer Eltern schon wieder akzeptabel fanden – waren wir froh, dass sich Bap, Heinz Rudolf Kunze und Herbert Gönemeyer treu geblieben waren.

Von den zahllosen Musikhelden, die Anfang der 80er überall aus dem Boden schossen, blieb nicht viel. Die meisten Songs gingen den traurigen Weg aller einstigen Radiohits: als Kaufanimation für Tiefkühlkost und Waschmittel im Supermarkt. Einige Bands tauchten hier und da auf Stadtteilfesten oder Möbelhaus-Eröffnungen auf, um dann als liebevolle Erinnerung in den Plattenschränken zu verstauben.

Irgendwie ging 1982 musiktechnisch dann ganz gut zu Ende. Wir hatten Nicoles „Ein bisschen Frieden" und die Trennung von ABBA überlebt, schauten unentschlossen auf Michael Jacksons Erfolgsalbum „Thriller" und freuten uns diebisch darüber, dass sich mit den „Toten Hosen" und den „Ärzten" gleich zwei deutsche Punkbands gründeten – da war noch Hoffnung.

Wie auch immer. Die nächste Ü-30-NDW-Party (Über-Dreißig-Neue-Deutsche-Welle-Fete) kommt bestimmt. Dann können alle 66er wieder textsicher beweisen, dass die NDW nicht nur Musik, sondern ein Lebensgefühl war.

R2-D2 und SDI

Anfang der 80er Jahre entführte uns Regisseur George Lucas in die intergalaktische Sternenwelt. Die „Krieg der Sterne"-Saga um Gut und Böse war die erste vollkommene Symbiose von perfekten Spezialeffekten und erfolgreicher Vermarktung. Wir waren vor allem von den beiden Robotern R2-D2 und C-3PO begeistert, die uns ein wenig an Stan und Olli erinnerten, nur in Blech. Anscheinend war auch einer der mächtigsten Politiker der Welt, US-Präsident Ronald Reagan, ein Fan dieser Filme. Um sein Land aus dem Weltall gegen einen atomaren Erstschlag von Seiten der Sowjetunion zu schützen begann der Mann, den die 66er bei genauerem Hinsehen auch schon aus einigen Folgen von „Western von Gestern" kannten, das Forschungsprojekt zur Strategic Defens Initiativ (SDI). Im März 1983 wurde das „Star-Wars-Programm", wie es inoffiziell genannt wurde, öffentlich. Was sollte man von einem Politiker halten, der den Kommunismus als eine Form von Geisteskrankheit bezeichnete und bei einer Tonprobe auch schon Mal scherzhaft erklärte, er habe gerade einen Atomangriff auf Moskau befohlen? Bevor das Projekt 1993 eingestellt wurde, verschlang es Milliarden und galt in wissenschaftlichen Kreisen als undurchführbar und gescheitert.

Die Berliner Mauer: Ziel vieler Klassenfahrten

Zwischen Bioläden und Bahnhof Zoo

Zu Beginn der 80er Jahre waren die Hippies verschwunden. Schlabberlook und die verschiedenen Reinkarnationen des Struwwelpeters hatten sich weitgehend überlebt. Selbst die prominentesten Vertreter jener friedfertigen Protestbewegung gegen bürgerliche Konventionen waren aus Kalifornien und Goa heimgekehrt, hatten den Friseur besucht und die propagierte freie Liebe in feste Beziehungen verwandelt. Die grellen Plakate des Kult-Musicals „Hair" fristeten fortan ihr Dasein in konservativen Bilderrahmen und die Ikonen von Woodstock wurden Teil seriöser Schallplattensammlungen, von denen wir gefälligst die Finger zu lassen hatten. Übrig blieben einige „Alternative", die allein durch ihre Anwesenheit auf alles Schlechte in der Welt aufmerksam machten. Den Lebensstil der „Ökos" lernten wir vor allem über die Bioläden kennen, die sich immer mehr ausbreiteten. Umweltschutzpapier, Batik-T-Shirt und Räucherstäbchen fanden wir gut, vegetarische Kost und Ökolatschen weniger. Das „Palitu" (Palästinensertuch) wurde, wenn auch nicht immer getragen, als Wandschmuck oder Lampenschirm als Teil der Jugendzimmerausstattung unentbehrlich. Dass sich im Januar 1980 die Bundespartei „Die Grünen" formiert hatte, fand natürlich unser Wohlwollen, weil uns Politiker in teuren Anzügen stets fragwürdig erschienen – Turnschuhe und Jeans tragende Abgeordnete, da konnten wir eher etwas mit anfangen. Völlig suspekt waren uns allerdings jene „Flower-Power"-Jünger, die in orangefarbige Kleider gehüllt die deutschen Innenstädte erleuchteten und mit Holzperlenketten behängt Tanz und Meditation übten. Nun hatten uns unsere Eltern gerade davor bewahrt, eine Karriere als „Gammler" oder „Hippie" zu beginnen, da tauchte in Form der Gurus ein neues Schreckensbild am Himmel aller Erziehungsberechtigten auf. Schon sahen sie uns in Trance versetzt nach indischen Klängen tanzen und selig das elterliche Heim an einen ehrwürdigen Meister verschenken.

Und wie schnell man in den Sumpf von Drogen und Kriminalität geraten kann, das hatte groß und breit der „Stern" erläutert. Nach einem Tonbandprotokoll hatten zwei Reporter die Erlebnisse der heroinabhängigen Christiane F. veröffentlicht. In einer bis dahin ungekannten Detailtreue sorgte zunächst das Buch (1979) und dann der Film (1981) für einen regelrechten Skandal.

Begriffe wie „Junkie" und „Fixer" waren auf einmal in aller Munde und schürten die Ängste unserer Eltern. Schließlich war Christiane F. damals in unserem Alter gewesen. Und so hatte manch ein 66er, der sich 1981/1982 erstmals ins Nachtleben wagte, den Ratschlag im Ohr, ja niemals das Glas mit Cola unbeaufsichtigt stehen zu lassen. Skrupellose Drogenhändler würden nur darauf warten, uns Haschisch unterzujubeln. Cola? Wir waren schließlich schon 15, 16, also eigentlich schon 18. Außerdem nahmen nur die anderen Drogen. Trotzdem, als wenig später die obligatorische Klassenfahrt nach Berlin ging, war die Mauer für die meisten von uns nur zweitrangig. Wesentlich spannender war es doch, sich auf die Suche nach dem „Sound" zu machen, jener Diskothek, in der „Wir Kinder von Bahnhof Zoo" verfilmt wurde. Und dann noch einen kurzen Blick auf Kreuzberg werfen, wo ab Silvester 1980/1981 unter dem Motto „Lieber instandbesetzen als kaputtbesitzen" ein echter Häuserkampf stattgefunden hatte. Polizeimannschaften gegen Vermummte, Gummiknüppel gegen Pflastersteine, Bullen gegen Besetzter.

Unsere Freiheit hatte zwei Räder

Mensch, fühlten wir uns erwachsen. Irgendwie begann mit 15 das wahre Leben. Vorsichtig blickten wir über den Tellerrand hinaus. Es konnte ja nicht viel passieren – zur Not schlüpfte man schnell zurück unter die Fittiche der Familie. Unbemerkt natürlich, weil man ja eigentlich schon auf eigenen Beinen stehen wollte und schon die ersten Sträuße mit dem Elternhaus ausgefochten hatte. Der Traum von Freiheit hatte bei uns Jungs zwei Räder und 50 oder 80 Kubikzentimeter Hubraum – je nach Taschengeld. Mit knatternden Zweitaktern in den Sonnenuntergang, verfolgt von den bewundernden Blicken der Mädchen ...

In den Ecken unserer Jugendzimmer verstaubten nun die Comic-Hefte, und Zeitschriften mit Heißen Öfen auf dem Cover lagen demonstrativ oben auf. Die große Lebensfrage die uns beschäftigte war, ob man sein sauer Erspartes in ein Mofa oder ein Mokick oder gar Leichtkraftrad investieren sollte. Häufig traten wir noch ein Jahr länger in die Fahrradpedale, damit das Objekt unserer Begierde wenigstens so ähnlich aussah wie ein Motorrad. Ein Jahr mehr um Eltern, Tanten und Großeltern zu überzeugen, wie ernst man es meinte und wie gut honorige Geldgeschenke investiert wären. Zeitungen austragen, Rasenmähen, Autowaschen wurden hoch gehandelt, um das immer zu knappe Taschengeld aufzubessern. Mit ein wenig Glück konnte man auf einer der vielen Eigenheim-Baustellen am Stadtrand einen Job ergattern, bei dem man für eine Stunde fegen, schaufeln oder schleppen 'nen Heiermann erhielt – ein echt guter Kurs. War erst der Führerschein bestanden, die Maschine gekauft und die Eltern davon überzeugt, dass sie doch für die Sicherheit ihres Kindes zumindest Helm und Nierengurt beisteuern mussten, war man endlich angekommen, in der Welt der Großen. Mit den anderen an der Straßenecke stehen, den Helm am Spiegel hängend und die Arme lässig über den Lenker gelehnt wurde fachkundig über Ritzel, Krümmer und legendäre Touren debattiert. „Get your kicks on Route 66", das wollten wir alle, irgendwann. Bis dahin schauten wir verächtlich auf die ganzen „Puch"- und „Rixe"-Mofafahrer und ließen mit unseren drei bis acht aufheulenden Pferdestärken sämtliche Anlieger an unserem Stolz teilhaben. Im Rausch der Geschwindigkeit schauten wir der Gefahr mutig ins Auge und waren mindestens so cool wie einst Dennis Hopper und Peter Fonda. Wir kannten keine Angst, auch wenn die steigende Zahl gleichaltriger Unfallopfer immer wieder mulmige Gefühle verursachte, kurzfristig. Vielleicht auch, weil kaum einer „Easy Rider" bis zum Schluss gesehen hatte.

„Get your kicks ...": Mokickzeit

Wenn man nur endlich 18 wäre, dann ...

Pressewitz und Nachrichtenschreck

Mit dem, was sich da in seinem Besitz befände, sollte der journalistische Paukenschlag der deutschen Pressegeschichte ausgeführt werden, kündigte das Nachrichtenmagazin „Stern" im April 1983 an. Doch die Veröffentlichung der geheimen Tagebücher Adolf Hitlers, die angeblich kurz vor Kriegsende aus einem Flugzeugwrack geborgen und nun wieder aufgetaucht seien, entwickelte sich zur Lachnummer und kaum zu überbietenden Blamage. Die 62 Bände umfassenden Hitler-Tagebücher kaufte ein Reporter für über 9 Mio. DM von Konrad Kujau, der später zugab, die Bücher selbst geschrieben zu haben. Die Wahrheit kam am 5. Mai ans Licht, nachdem u.a. das Bundeskriminalamt die Bücher als eindeutige Fälschungen identifiziert hatte.

Weniger amüsant war das, was das Nachrichtenmagazin „Der Spiegel" am 6. Juni 1983 als Titelstory anbot: „Tödliche Seuche AIDS – Die rätselhafte Krankheit". Wir waren 16, 17 Jahre alt und unsere Gedanken drehten sich um Liebe, Liebeskummer und den ersten Sex – doch wo bekommt man eigentlich Kondome her?

Formel eins

Mit Autorennen hatte das nichts zu tun, was uns ab dem 5. April 1983 jeden Samstag um 18:30 Uhr an die Fernsehgeräte lockte. Nach „Disco" und „Plattenküche" versorgte uns nun Peter Illmann allwöchentlich mit 13 neuen Hits aus der Musikwelt. Wer die Sendung „Formel eins" verpasste, der hatte Pech und konnte am Montag nicht mitreden. Plötzlich war die Musik nicht mehr nur fürs Radio gedacht. Jetzt musste man die Musik gesehen haben. Die Videos wurden fast wichtiger als das, was die Bands mit Stimme und Instrumenten produzierten. Rasante Kamerafahrten, imposante Tricktechnik und fantasievolle Maskenbildner bestimmten fortan die Szene des Hörbaren. Wer etwas darstellen wollte, der kupferte das Outfit der Stars ab. Voluminöse Fönfrisuren – die mit Mutters Drei-Wetter-Taft oder Zuckerwasser in Form gebracht wurden – türmten sich auf den Häuptern beider Geschlechter. Und während die jungen Frauen ihre Pullover und Blusen mit beängstigenden Schulterpolstern ausstopften (wir erinnern uns an die Damen von „Dallas" und „Denver-Clan"), war für die Jungs ein hellblaues Sakko mit aufgeschlagenen Ärmeln obercool (so wie Don Johnson in „Miami Vice"). Man konnte sich herausputzen wie man wollte, die ultimative Bestätigung des angesagten Modetrends fand an den Eingängen der immer größer werdenden Discotheken statt. Hier hatte sich eine neue Spezies breit gemacht: Türsteher. Sie waren dazu berufen, Aerobic-Frauen mit Spitzenhandschuhen und pastellfarbige Möchtegern-Travoltas von Normalos und Jeansfans zu trennen. Turnschuhträger hatten kaum eine Chance. Gut, dass es diese dämmerigen, ein wenig angestoßenen Alternativen gab, in der weder Dancing-Queens noch gelackte Heinis eine Daseinsberechtigung hatten.

Tummelplatz Disco

Discospaß und Elternstress

Die Disco wurde zu unserem beliebtesten Tummelplatz und sah fast überall gleich aus. Ob riesiger Tanztempel mit Nebelmaschinen, wo sich gleich mehrere Hundert tanzwütige Jugendliche austobten, oder die kleineren Musikschuppen, in denen fast jeder jeden kannte und man dem DJ persönlich eine schwarze Vinylscheibe empfehlen konnte. Immer standen die Jungs am Rand der Tanzfläche und schauten den Mädels zu, die gleich rudelweise den neuesten Hüftschwung vorführten. Paartanz war verpönt, Taktgefühl oder gar Rhythmus unwesentlich. Trotzdem dauerte es meist eine ganze Weile und einige Gläser Bacardi-Cola, bis sich auch die Jungs trauten. „Abhotten" bis in die Morgenstunden und dann den Fahrer suchen, der versprochen hatte, nüchtern zu bleiben. Wie häufig stand man dann mitten in der Nacht draußen und hoffte, dass ein vorbeikommender Autofahrer auf den ausgestreckten Daumen reagierte? Und hoffentlich waren die Eltern schon eingeschlafen, damit sie von unseren Eskapaden nichts mitbekamen. Der Disco-Besuch war ja generell erlaubt, aber per Autostopp, mit reichlich Alkohol und bis in die Morgendämmerung? Zumindest anfangs hing bei vielen von uns jeden Sonntag der Haussegen schief, mehr als schief. Hatte man ältere Geschwister, so hielt sich der Stress gewöhnlich in Grenzen. War man jedoch selbst der Vorkämpfer für das nachmitternächtliche Ausgehvergnügen, dann gewöhnten sich die Eltern nur ganz, ganz langsam daran. Dass die elterlichen Sorgen durchaus begründet waren, weil in jenen Jahren zahllose Jugendliche völlig übermüdet oder volltrunken ihr Leben auf dem Heimweg verloren, weil sie keine Kontrolle über ihre Autos hatten, nahmen wir nur am Rande wahr. Das waren die anderen, irgendwo weit weg. Bis die eigene Klasse zum ersten Mal Trauerflor trug. Doch meist dauerte auch dann das Grübeln nicht lange an. Wir wollten Spaß erleben. Mit Leistungsdruck, Zukunftsangst und Liebeskummer hatten wir sowieso genug Probleme. In der Fernsehserie „Tod eines Schülers" (1981) wurden unsere Sorgen erstmals öffentlich thematisiert und gleich wieder vergessen. So richtig verstehen wollte uns wohl niemand ...

Was bitte sind Bits?

Im August 1982 wurde auf einer Elektronikausstellung in Düsseldorf der erste CD-Spieler vorgestellt. Und noch im Dezember des Jahres zeichnete das Magazin „Time" den Computer als Maschine des Jahres aus. Die deutlichen Zeichen einer neuen Ära vernahmen wir nur ganz leise. Mit Begriffen wie Bits und Bytes konnten nur die wenigsten etwas anfangen, und die saßen meist im Physik-Leistungskurs. Dass die runden Silberlinge und Mikroprozessoren dereinst kaum aus unserem Alltag wegzudenken sein würden, mochte und konnte sich keiner vorstellen. Der bisherige Höhepunkt der Alltags-Elektronik waren die HiFi-Anlage eines musikverrückten Onkels und der Videorekorder in der Nachbarschaft. Bei „sturmfreier" Bude versam-

Kugeln kontra Donkey Kong

melte sich die gesamte Clique dort, wo solch ein Filmgerät stand. Meist wurde länger darüber diskutiert, welcher Film denn ausgeliehen und gemeinsam geschaut werden sollte, als der Streifen dann eigentlich dauerte. Videoabende wurden immer beliebter und waren für eine gewisse Zeit eine echte Konkurrenz zur Disco. Und dann waren da noch die Münzschlucker. Zuerst tauchten sie in großen Elektrofachläden und Flipperhallen auf, später waren sie bis in die Bistros, Kaufhäuser und Billardkneipen vorgedrungen. Es begann in den 70er Jahren mit Pong, jenem Video-Tennisspiel aus simplen Quadraten, dessen Geräusche jeden Nichtspieler in den Wahnsinn treiben konnte. In den frühen 80er Jahren kam Pac-Man, gefolgt von Donkey Kong, Super Mario, Defender, Moonracer ... Die bunten Spielkonsolen verdrängten die inzwischen heiß geliebten Flipperautomaten und ließen die Billardtische veröden. Münze um Münze fiel in den Schlund der gierigen Automaten, bis der Highscore wieder die eigenen Initialen verkündete. Der absolute Hit bei verregneten Nachmittagen war schließlich die Spielkonsole für den Fernseher. Da die Geräte damals jedoch noch ziemlich teuer und daher selten waren und zudem die Qualität in keiner Weise mit einer modernen X-Box zu vergleichen war, trafen wir uns bald wieder am grünen Filz und zogen es vor, mit dem Billardstock eine ruhige Kugel zu versenken. Doch die Bits der Homecomputer hatten uns schon im Visier.

Angekommen in der Zukunft

1984: Endlich war es da, das Jahr in dem wir „erwachsen" wurden. Endlich 18. Endlich durften wir uns die Wochenendnächte um die Ohren schlagen, ohne dass irgend jemand es verbieten konnte – so hofften wir. 1984 war für uns das Jahr in dem wir die Zukunft einholten, auch wenn nicht jeder George Orwells Roman pünktlich gelesen hatte. In Deutschland begann mit Jahresbeginn die Ära des Privatfernsehens, und auf Schulhöfen, in Fußgängerzonen und auf den Tanzflächen der Glitzerdiscos zeigten Gummimenschen in ballonseidenen Sportanzügen den neuesten Trend aus den USA: Breakdance. Sich mit ruckenden und zuckenden Bewegungen an imaginären Wänden entlang tasten, das konnten nur wenige wirklich gut. Die Samstagabende und -nächte gehörten den Kellerpartys, Scheunenfesten und Open-Air-Konzerten. Aus riesigen Boxen stampften die hammerharten Beats, die von neuen Bands wie Frankie goes to Hollywood oder Depeche Mode produziert wurden. Stundenlang ließen wir uns die Trommelfelle massieren und erstarrten, buhten und vergingen in Zahnschmerz wenn Nino de Angelo sein „Jenseits

Spätestens mit den ersten Einberufungsbescheiden der Bundeswehr wurde Krieg zum ernsten Diskussionsthema

von Eden" dudelte – der deutsche Hitparadenerfolg des Jahres. Übrigens gründete in unserem Erwachsen-werden-Jahr ein gewisser John Francis Bongiovi seine Band und wurde zu einem echten Geheimtipp: Bon Jovi.

In der Zukunft angekommen zu sein, das hieß aber auch, dass im benachbarten Deutschland die ersten Nuklearraketen aufgestellt wurden. Heiße Diskussionen beherrschten nun jedes „Sit-In" bei Kerzenschein. Die Frage, ob Mann dem Einberufungsbescheid zum Bundeswehrdienst folgen oder verweigern sollte, war trotz „Why?"-Plakat und „Peace"-Button nicht immer einfach zu beantworten. Manche Freundschaft wurde auf eine harte Bewährungsprobe gestellt.

Zukunft, das bedeutete in diesem Jahr auch, dass der Waldschadensbericht die Hälfte des deutschen Waldes als sichtbar erkrankt einstufte. Erschütterung machte sich breit,

Mit 18 begannen unsere Ausflüge in die Welt: Israel war besonders beliebt

düstere Visionen einer baumlosen Welt wurden ausgemalt und die „Ökos" hatten wieder einmal Recht behalten. Als sich dann der „Chaos-Computerclub" im November 135 000 DM von der Bundespost überweisen konnte (und es auch meldete), erhielten neben den Nuklear-Kriegs-Warnern und Umweltpessimisten auch die „Big-Brother-is-watching-you-Computerkritiker" neuen Zündstoff. Aber bei aller Überwachungsneurose, wer sollte denn wirklich Angst vor einem Staat haben, der seine Computerlisten mit dem vollständigen Beschaffungsprogramm der Bundeswehr im Straßengraben verliert?

Und als ob das Wetter die Kapriolen bestätigen wollte, begann das Jahr mit heftigen Stürmen über Westeuropa. Es folgte der kälteste Frühling seit 50 Jahren mit Schnee in Griechenland und den schlimmsten Unwettern seit „Menschengedenken", mit tennisballgroßen Hagelkörnern und Temperaturstürzen von über 30 Grad – mitten im Juli.

Die Jagd nach dem „grauen Lappen"

Wenn wir nicht gerade darüber spekulierten, wie die Welt denn untergehen würde und was wir zur Verbesserung der allgemeinen Weltlage tun könnten, galt unser größtes Streben dem „grauen Lappen". Der Führerschein war die eigentliche Fahrkarte in die Welt der Erwachsenen. Denn, was hilft einem die Wahlberechtigung, wenn einem viel mehr daran gelegen ist, sich völlig unabhängig von irgendwelchen Erziehungsberechtigten über die Landstraßen zu bewegen, um ja kein Fest zu verpassen. Der

Blaues statt feuerrotes Spielmobil: das erste eigene Auto

Schein musste her, da gab es kein vertun. Also wieder jobben, sparen, betteln und bitten, um an das ersehnte Papier zu gelangen. Selbst wenn zum 18. Geburtstag weder das erträumte Golf-GTI-Modell (was auch immer General Tourismo Injektion bedeuten sollte?) mit Rallyestreifen noch die zerbeulte „Ente" in der Garage stand. Die Magie lag allein im Besitz des grauen Papiers. Nachdem man sich monatelang mit Verkehrszeichen, Faustregeln und Menschen mit Handkarren (die im wahren Straßenleben schon damals eine aussterbende Gattung waren) herumgeschlagen hatte und auch nicht mitleidig belächelt wurde, weil man mehr als 20 Fahrstunden gebraucht hatte (gut, dass Mutter oder die älteren Geschwister zu heimlichen Fahrstunden bereit waren), war der ersehnte Tag da. Hatte man erst mit noch verschwitzten Händen die Prüfung überstanden und das begehrte Dokument unterschrieben, dann stand uns die Verkehrswelt offen – dachten wir. Doch wer kein Fahrzeug sein Eigen nennen konnte, musste zuerst die gesamte Familie kutschieren und sein Können unter Beweis stellen. Und während Oma einfach nur stolz auf ihr Enkelkind war, erklärte Mutter ihren Party-Bring-und-Abhohlservice für beendet und die Jetzt-kannst-Du-auch-mal-die-Wäsche-von-der-Heißmangel-holen-Ära für eröffnet. Vater erläuterte abschließend in aller Dringlichkeit, dass Familienautos grundsätzlich mehr als Heiligtum denn als Spaßmobil anzusehen seien. Wir hatten es geahnt – doch nach den ersten kleinen Lackschäden entkrampfte sich die Situation merklich. Jetzt ging es daran, das Thema Spritgeld zu etablieren, denn, wir hatten noch viel vor – später, nachdem wir die Wäsche aus der Heißmangel geholt hatten ...

KINDHEIT UND JUGEND

Eine außergewöhnliche, faszinierende Geschenkbuch-Reihe

Den passenden **Jahrgangsband** für Sie, Ihre Freunde, Nachbarn, Verwandten und Bekannten erhalten Sie im Buchhandel oder direkt bei uns:

Wartberg Verlag GmbH & Co. KG
Im Wiesental 1, 34281 Gudensberg-Gleichen,
Tel.: 05603/93 05-0, Fax: 05603/93 05-28

www.wartberg-verlag.de
www.kindheitundjugend.de